Die von Günter Moos ausgewählten
Gräber bekannter Persönlichkeiten sind
auf dem beiliegenden Plan eingetragen.

Ein alphabetisches Verzeichnis
der Abbildungen nach den Namen der
Bestatteten finden Sie auf Seite 201 f..

Unter den Abbildungen steht
in Klammern der Standort des
jeweiligen Grabes.

Grab Grumbach. Die »Weiße Frau« Anfang der achtziger Jahre (F 2049–2051)

Grab Trebau. Skizze aus den Gräberakten (G 485/518)

6

INHALT

DENKMÄLER

Vorwort zur ersten Auflage

Die Idee zu einem Buch über den Frankfurter Hauptfriedhof kam mir, als ich eines Tages feststellen mußte, daß eine meiner liebsten Figuren – ich nannte sie die »Weiße Frau« – (Grab Grumbach, Gewann F 2049–2051) abgeräumt worden war. Sie war nicht die einzige Grabfigur, die dieses Schicksal ereilte – ich hatte in den Jahren zuvor andere schöne Gräber verschwinden sehen, weitere werden fraglos folgen.

Der Frankfurter Hauptfriedhof ist einer der wenigen deutschen Friedhöfe, die, Anfang des 19. Jahrhunderts eröffnet, noch immer benutzt werden. Der Platz wird knapp. Zwar ist die Sterbeziffer in den Jahren seit 1828 fast um die Hälfte gesunken, die Zahl der nicht-jüdischen Frankfurter Friedhöfe durch Eingemeindungen und Neuanlagen auf fünfunddreißig angewachsen, aber der Hauptfriedhof als größter Friedhof der Stadt kann nicht mehr erweitert werden – im Gegenteil, es wird erwogen, einen Teil des Areals dem Bau einer Straße zu opfern. So muß bei alten Gräbern die oftmals schwierige Entscheidung getroffen werden, ob ein Grabstein trotz des dringend benötigten Platzes erhalten werden kann.

Das Problem der Raumnot ist nicht neu. 1848, zwanzig Jahre nach seiner Eröffnung, mußte der Friedhof das erste Mal vergrößert werden, nach mehreren Erweiterungen umfaßte er schließlich 17 3/4 Hektar, und als auch dies nicht mehr ausreichte, wurde 1912 der damals großzügig geplante »Neue Teil« eröffnet. Ständig erweitert, hatte der Friedhof 1957 die Größe des von den Wällen umgebenen mittelalterlichen Frankfurt, sein heutiges Areal ist

Das leere Grab Grumbach Mitte der achtziger Jahre,
nachdem die Figur entfernt worden war.

fünfzehnmal größer als im Jahre 1828, diese Fläche ist
von etwa 24 Kilometern asphaltierten und 40 Kilometer
unasphaltierten Wegen durchzogen.

Durch den Wiederbelegungsturnus ist der Friedhof,
auch wenn dieser Ausdruck zunächst paradox erscheinen
mag, ein »lebender Organismus«, der seit seiner Eröffnung vielerlei Veränderungen unterworfen war – und
noch ist. Diese Veränderungen betreffen nicht nur die
Reihengräber, sondern auch die ursprünglich auf Friedhofsdauer gekauften Familienbegräbnisse. Ein solcher
Kauf ist seit 1926 nicht mehr möglich, im Jahre 1969
wurde das unbefristete Nutzungsrecht aller bestehenden
Familiengräber aufgehoben – eine, um es in der Sprache
der Gerichte zu sagen, die von betroffenen Grabeigentü-
mern um eine Entscheidung in dieser Sache angerufen

worden waren, »entschädigungslos hinzunehmende Beschränkung des Eigentums«. Davon ausgenommen blieben die Grüfte, die Gräber berühmter Bürger und Bürgerinnen Frankfurts, die von der Stadt erhalten werden, sowie die Gräber derer, die – sei es als Bürger der Stadt, Soldaten oder hierher verschleppte Ausländer – durch den Krieg starben. Ihnen ist eine »ewige« Ruhe auf dem Friedhof sicher, wenn auch der Preis, den sie dafür zahlten, sehr hoch erscheint.

So wie die Reihenbegräbnisse, so werden daher nun auch Jahr für Jahr zahlreiche Erbbegräbnisse, falls nicht verlängert, achtzig Jahre nach Erstbelegung abgeräumt. Da diese häufig Familien gehörten, die es nicht mehr gibt, eine Verlängerung in jedem Fall aber aufgrund der für heutige Maßstäbe ungewöhnlichen Grabgröße sehr kostspielig ist, endet nun für viele Toten zumindest die irdische Ewigkeit, wenn ihre Gräber verschwinden. Dies ist auch das Schicksal der »Weißen Frau«: Sie wurde abgeräumt, weil ihre Eigentümerin das Grab nicht verlängern konnte.

Eine solche zeitliche Begrenzung hat dazu geführt, daß wir kein authentisches Bild mehr vom Friedhof des 19. Jahrhunderts mit seinen weiten Feldern für die Reihenbegräbnisse und den entlang der Wege stehenden Erbbegräbnissen haben. Bemühungen – sei es von Einzelpersonen oder dem Denkmalsamt – einzelne Gräber zu erhalten, scheitern häufig nicht nur an den fehlenden Mitteln, sondern auch daran, daß es bis heute kein amtliches Verzeichnis der erhaltenswerten Gräber gibt. Dabei muß bedacht werden, daß es nicht allein darum gehen kann, hier und da ein einzelnes, künstlerisch bemerkenswertes Grab zu erhalten, während sich das Umfeld beliebig verändert. Auch Ensembles müssen geschützt werden. Das bedeutet, daß einige (nach künstlerischen Kriterien eher minderwertige) Grabsteine aus Massenproduktion stehen bleiben müssen, um einen, wenn auch notwendigerweise bruchstückhaften, Eindruck der ehemaligen Friedhofsanlage zu ermöglichen. Ich empfinde es als große Beruhigung, daß gegenwärtig denkmalpflegerische Überlegungen im Gange sind, wie ein solches Verzeichnis erstellt werden kann, um in Zukunft die Entscheidung über das Abräumen abgelaufener Grabstätten nicht allein davon abhängig zu machen, ob der/die dort Beerdigte eine bedeutende Persönlichkeit war.

Ein großes Problem ist der Vandalismus auf den Friedhöfen sowie die Diebstähle, die vor allem Metallteile betreffen. Während ich die Arbeit an diesem Buch abschloß, fiel mir bei einem der Gänge über den Friedhof das Fehlen einer Galvanoplastik auf. Ein Angestellter des Friedhofes, Herr Hofmann, der sich stets auch um den Erhalt von Grabmalen gekümmert hat, hatte sie vor Jahren vom Steinlager, dem Aufbewahrungsort für abgeräumte Grabsteine, geholt und an einen sehr schönen, exponierten Platz an einer Wegkreuzung im Gewann F gestellt. Als ich ihm den leeren Sockel zeigte, war er entsetzt. Da es sich um eine schwere und große Figur handelte, müsse sie, so seine Meinung, von einem Kran(!) vom Platz gehoben und wegtransportiert worden sein.

Vor einigen Jahren wurden in einer einzigen Nacht weit über hundert figürliche Darstellungen beschädigt oder völlig zerstört. Der Täter wurde gefaßt, doch selbst wenn er (was nicht der Fall war) für den materiellen Schaden

Im Archiv der Gräberakten

hätte aufkommen können, wäre der damit entstandene Verlust für das Gesamtbild des Friedhofes nicht wiedergutzumachen gewesen. Trotz der Bemühungen der Steinmetze des Friedhofes konnten nur wenige Figuren restauriert werden. Aus Sorge vor weiteren Beschädigungen hat die Friedhofsverwaltung einige wertvolle Figuren – darunter einen Engel von Hausmann – sichergestellt. Dabei wurde es – aufgrund einer verständlichen Eile – leider versäumt, die ehemaligen Standorte zu vermerken, die sich heute nur noch durch eine immens aufwendige und von viel Glück abhängigen Suche in den Tausenden von Gräberakten wiederfinden ließen.

Verfall geschieht auch auf natürliche Art: Metall korrodiert, Steine verwittern, Kreuze und andere Schmuckelemente lösen sich aus ihren Verankerungen und stürzen zu Boden. Auch hier reicht das Geld nie für die notwendigen Maßnahmen zur Vorsorge und Wiederherstellung – und werden sie doch ergriffen, dann kann es, wie im Falle einer Kreuzgruppe an der Gruftenhalle, geschehen, daß sie kurz darauf mutwilliger Zerstörung anheim fallen.

Wir sollten bestrebt sein, unsere Friedhöfe, ohne nostalgischen Überschwang, als Zeichen unserer Geschichte zu erhalten, die unsere Städte wegen der umfassenden Zerstörung im Krieg nicht mehr zu erzählen vermögen. In dem Totenkult und den Friedhöfen »findet der kulturelle Stand der jeweiligen Gesellschaft, ihre religiöse Einstellung, ihr Verhältnis zur Geschichte und Natur, ihre soziale Haltung, aber auch künstlerisches Wollen und Niveau im eigentlichen Wortsinn letzten Niederschlag. Die Friedhöfe sind somit zu allen Zeiten gesellschaftliches Spiegelbild. Nicht von ungefähr werden vergangene Kulturen und Epochen nach den Zeugnissen des Totenkults beurteilt.«

Der Hauptfriedhof als möglicher Spiegel der Geschichte dieser Stadt hat zwar bereits viele blinde Flecken, in wesentlichen Teilen aber ist er noch intakt. Diesen Spiegel sollten wir vor der Zerschlagung bewahren.

Während ich dies schreibe, zeichnet sich eine Möglichkeit ab, die »Weiße Frau« wieder an ihren alten Platz zu bringen. Falls dies gelingen sollte, würde sich für mich auf überraschende Art ein Kreis schließen, denn das Fehlen dieser Hausmann-Figur war, wie gesagt, der Auslöser zu diesem Buch. Nun habe ich gute Gründe für die Hoffnung, daß bei seinem Erscheinen das Grab *Grumbach* wieder in seinen ursprünglichen Zustand zurückversetzt

sein wird. Gemessen an der Arbeit, die denkmalpflege-
risch geleistet werden müßte, wäre dies gewiß nur ein
kleiner Erfolg. Über den ich mich dennoch sehr freuen
würde.

Ebba D. Drolshagen
Frankfurt am Main, im Herbst 1986

Danksagung zur ersten Auflage

Den Mitarbeiterinnen und Mitarbeitern des Stadtarchivs Frankfurt, des Historischen Museums Frankfurt, des Friedhofs- und Bestattungsamtes der Stadt Frankfurt sowie des Zentralinstituts für Sepulkralkultur in Kassel danke ich für ihre Hilfe und ihren Rat. Die Firma F. Hofmeister und das Antiquariat Jürgen Koch stellten mir historisches Bildmaterial aus ihren Archiven zur Verfügung.

Mein besonderer Dank gilt Ekke Banzhaf für die Beharrlichkeit, mit der er meinen über Jahre immer wieder geäußerten Wunsch nach einem Buch über den Frankfurter Hauptfriedhof mit einem Satz beantwortete: »Schreib' es doch selbst.«

Vorwort zur Neuauflage

Kurz nach dem Erscheinen meines Buches vor genau zwanzig Jahren kehrte die »Weiße Frau« tatsächlich »nach Hause« zurück. Ich möchte gern glauben, daß *Der Melancholische Garten* dazu beigetragen hat, die Wahrheit ist, daß ich die Gründe nicht kenne. Und die Wahrheit ist leider auch, daß ich mich über die Rückkehr dieser Hausmann-Figur nur kurze Zeit unbeschwert freuen konnte. Nicht lange, nachdem sie auf den Friedhof gekommen war, schlugen ihr Vandalen den rechten Arm und die Finger der erhobenen linken Hand ab.

Der Frankfurter Hauptfriedhof, insbesondere dessen Alter Teil, hat sich in den letzten zwanzig Jahren dramatisch verändert. Wer mit offenen Augen dort spazierengeht, sieht überall Spuren von Fehlendem: Da ist eine Marmorschulter ohne Arm, ein gekrümmter Eisenstab am oberen Ende eines Steins verrät das frühere Kreuz, die leere Nische in einem anderen die verschwundene Urne. Solche Lücken sind nicht (nur) Folge von Verwitterung und Vernachlässigung, sondern vor allem von Vandalismus und Diebstählen. Wo der Vandale wahllos draufhaut, wählt der Dieb mit Bedacht: Metallteile werden wegen eines geringen Schrottwerts gestohlen, Urnen und Kränze als aparter Gartenschmuck verhökert, tonnenschwere Galvanofiguren (möglicherweise auf Bestellung) mit Kränen abtransportiert. Die Friedhofsverwaltung sieht sich außerstande, dergleichen zu unterbinden.

Sehr viele alte Gräber werden abgeräumt, weil die Grabinhaber – also die Nachkommen der dort Beigesetzten – ein Grab nicht verlängern können oder wollen. Der Denkmalschutz nimmt die fraglichen Grabsteine in Augenschein, wenn er die Grabstätte nicht als schützenswert einstuft, fehlen der Stadt die Mittel, »unspektakuläre« Grabdenkmäler nur darum zu erhalten, weil wir ohne sie kein zutreffendes Bild vom früheren Friedhof mehr haben. Die Spur der unwiderruflich abgeräumten Gräber ist, daß sie keine hinterlassen: Entlang der Wege und an der Mauer ist es leer geworden.

Aber es gab in den vergangenen zwanzig Jahren auch positive Veränderungen. Die wichtigste betrifft die Aufmerksamkeit, die dem Friedhof als kultureller und historischer Ort durch den Denkmalschutz zuteil wurde: Der Friedhof steht als Ganzes bereits seit 1972 unter Denkmalschutz, doch lange Zeit gab es kein Verzeichnis schützenswerter Gräber. Als ich 1986 von der vorsichtigen Hoffnung sprach, daß dies in Kürze in Angriff genommen werden könnte, habe ich, heute kann ich es gestehen, nicht daran geglaubt. Zu meiner großen Freude sollte ich damit nicht recht behalten: Seit 1999 liegt zwar kein Katalog der schützenswerten, wohl aber der geschützten Grabmale vor. Was für eine gewaltige Arbeit das war, sieht man dem großformatigen Buch schon an: Es ist 450 Seiten dick und über 2 Kilo schwer. Die Kunsthistorikerin Bettina Erche hat im Auftrag der Stadt alle erhaltenen Gräberakten für den alten Friedhofsteil durchgearbeitet und diesen Katalog geschützter Grabmale erstellt. Jedes dieser Gräber ist in dem Band mit einer Abbildung und einer detaillierten Beschreibung aufgeführt. Diese Arbeit ging über eine buchhalterische Bestandsaufnahme hinaus, denn Dr. Erche fand in den Gräberakten auch Überraschendes. Um nur zwei Beispiele zu nennen: Eine Grab-

Grab Schmitt. Heilige Cäcilie. Skulptur nach einer Figur in Raffaels gleichnamigem Gemälde (a. d. Mauer 433)

Skulptur greift Michelangelo-Fresken aus der Sixtinischen Kapelle auf, die Figur der Hl. Cäcilie auf einem Musikergrab ist die dreidimensionale Kopie eines Raffael-Gemäldes.

In einem zweiten Teil hat der Stadtkonservator Dr. Heinz Schomann Abbildungen der geschützten Grabmale des Neueren Teils des Hauptfriedhofs zusammengestellt, auf einer beigelegten Gewannkarten sind die Positionen aller im Buch erwähnten Grabmale eingezeichnet. In seinem Vorwort betont Dr. Schomann, die Erfassung und wissenschaftliche Bearbeitung der historisch oder künstlerisch wertvollen Grabmale habe für seine »kleine Behörde« einen »Aderlaß« bedeutet. »Jene Ausgabe wäre in einer Ära knapper Kassen allerdings kaum zu rechtfertigen, wenn sie lediglich dem Ziel, eine neue ‚Francofurtensie‘ zu schaffen diente. Hinter dem Wunsch nach einer Publikation des erarbeiteten Grabmalinventars steht die Einsicht, daß über Patenschaften für Grabmale deren Erhaltung erleichtert, wenn nicht gar gesichert werden kann.« Inzwischen gibt es über einhundert Patenschaften, die Zahl der »verwaisten« Gräber beläuft sich indes auf ein mehrfaches.

Wer sich eingehender mit dem Frankfurter Hauptfriedhof im besonderen und der Geschichte der Grabmalskunst im allgemeinen befassen möchte, wird an dieser umfassenden, vom Denkmalamt der Stadt Frankfurt am Main herausgegebenen kunsthistorischen Studie nicht vorbeikommen. Daneben gibt es zwei weitere wichtige Informationsquellen zum Frankfurter Hauptfriedhof: Harald Fester betreibt eine private Internetseite zum Frankfurter Hauptfriedhof mit vielen historischen und aktuellen Informationen, Günter Moos hat einen umfassenden »Wegweiser zu Grabstätten bekannter Persönlichkeiten auf Frankfurter Friedhöfen« verfaßt.

In einer Verlagslandschaft, in der oft nur noch die Bestseller von morgen zu zählen scheinen, kommt es fast einem Wunder gleich, wenn ein Buch nach zwei Jahrzehnten in einer überarbeiteten und aktualisierten Ausgabe neu aufgelegt wird.

Daß es dazu kommen konnte, verdanke ich vier Menschen: Schon vor Jahren ermutigte Pieter Zandee mich, einen Verlag für eine Neuauflage zu suchen. Ich nahm seinen Vorschlag gern auf, leider blieb die Suche damals erfolglos. 2005 lernte ich Andreas Maier kennen, der (zu meinem größten Erstaunen) nachdrücklich die Ansicht vertrat, die Neuauflage des *Melancholischen Garten* sei ein »Desiderat«. Er brachte mich binnen weniger Tage mit Brigitte Heinrich und Hans Hahn zusammen, die mit ihrem jungen Verlag tatsächlich das Wagnis dieses Buches eingingen.

Und dann passierte noch ein kleines Wunder: Nicht nur erleichterten die Mitarbeiter des Grünflächenamtes der Stadt Frankfurt am Main meine Arbeit mit generellem Wohlwollen sowie der Erlaubnis, auch dieses Mal die Gräberakten einsehen zu dürfen. Die Dezernentin Frau Jutta Ebeling beugte sich tief über ihren Finanzsäkkel und tauchte mit einer großzügigen städtischen Förderung des Buches wieder auf.

Last but not least danke ich Günter Moos für die Erlaubnis, meinem Buch einen Auszug aus seinem »Wegweiser zu Grabstätten bekannter Persönlichkeiten auf Frankfurter Friedhöfen« anfügen zu dürfen.

Zu sagen, daß ich mich über so viel Ermunterung und Unterstützung freue, wäre eine absurde Untertreibung: Ich kann mein Glück kaum fassen.

Ebba D. Drolshagen
Frankfurt am Main, im Sommer 2006

Grab Lange. Eine für das 19. Jahrhundert typische Kombination eines Männerporträts mit einer unpersönlichen Frauengestalt (F 1407)

EINLEITUNG

Der Frankfurter Hauptfriedhof ist – natürlich – eine Begräbnisstätte. Die meisten Besucher kommen, um einen Angehörigen, einen Freund zu beerdigen oder um ein Grab zu besuchen; sei es das eines Bekannten, sei es das einer Persönlichkeit, die mit Frankfurt besonders verbunden war, etwa Arthur Schopenhauer, Theodor W. Adorno, Ricarda Huch, Friedrich Stoltze, um nur einige der hier beerdigten Berühmtheiten zu nennen. Andere – wenn auch sicher nicht die meisten – kommen, wie ich vor vielen Jahren, auf den Friedhof, um im alten Teil spazieren zu gehen, um sich Grabmale des 19. Jahrhunderts anzusehen, die denen unserer Zeit so unähnlich sind.

Dem Besucher stellen sich Fragen: Welche Bedeutung haben die immer wiederkehrenden Symbole auf den Grabsteinen: die Schlange, der Schmetterling, die Mohnkapsel, der Palmwedel, die nach unten gestülpte Fackel, die abgebrochenen Säulen? Auffallend auch die Vielzahl von Frauenstatuen, die – in Stein oder Metall – auf den Gräbern stehen sowie die Porträtmedaillons würdiger Herren, deren Bedeutung noch am verständlichsten ist.

Vielleicht bemerkt der Besucher auch, was nicht da ist: Totenschädel und Skelett, Symbole, die sich auf vielen Grabsteinen des 17. und frühen 18. Jahrhunderts finden. Und schließlich: Warum wurde der Friedhof hier angelegt – auf einer Anhöhe, die noch vor weniger als hundert Jahren weit außerhalb der Stadt lag?

So fing ich an, mich mit der Geschichte unserer Friedhöfe, vor allem der im 19. Jahrhundert angelegten, zu befassen. Dabei stellte ich bald fest, daß ein Friedhof nicht nur Auskunft gibt über die dort Beerdigten, sondern auch über die Geschichte seiner eigenen Entstehung. Er verrät viel über die Menschen, die ihn planten und im Laufe von Jahrzehnten und Jahrhunderten veränderten, über deren Denken, Ängste und – vor allem – deren Einstellung zum Tod. Dieses Wissen half mir, bei jedem Spaziergang auf dem Friedhof nicht nur mehr zu verstehen, sondern auch mehr zu *sehen*, und schließlich erkannte ich, daß der Frankfurter Hauptfriedhof ein besonders gutes Beispiel für die Entstehungsgeschichte der städtischen Friedhöfe im allgemeinen ist.

Der erste Teil des Buches schildert die geistesgeschichtlichen Hintergründe der Planung und der Anlage des Frankfurter Hauptfriedhofes, es geht um die Frage, was die Frankfurter im frühen 19. Jahrhundert dazu veranlaßte, zu diesem Zeitpunkt und an diesem Ort eine derartige Begräbnisstätte zu eröffnen. Der zweite Teil handelt von den Grabdenkmälern, ihren Ursprüngen und ihrer Symbolik.

Dazwischen liegt ein Spaziergang über den Frankfurter Hauptfriedhof, der Sie zu einigen Gräbern führen soll, die für den Hauptfriedhof und für das 19. Jahrhundert typisch sind.

Etikett des Buches, das 1829 zur Eröffnung des Fried-
hofes erschien und 1978 anläßlich des 150. Jahrestages
neu aufgelegt wurde.

GESCHICHTE

Die Geschichte des Frankfurter Hauptfriedhofs reicht viel weiter zurück als bis 1828, dem Jahr seiner Eröffnung. *Wie weit*, ist bei geschichtlichen Themen häufig schwierig zu entscheiden, da sich Anfang und Ende von Tendenzen, Geisteshaltungen und Wertvorstellungen in den seltensten Fällen mit einem präzisen Datum belegen lassen. Entwicklungen verlaufen graduell, Gegensätze existieren mitunter lange Zeit nebeneinander.

Um die Mitte des 18. Jahrhunderts begann die Aufklärung ganz Europa zu erfassen. Diese geistige Neuorientierung brachte unter anderem eine Einstellung zum Tod und den Toten mit sich, die sich von der Mentalität vorangegangener Jahrhunderte drastisch unterschied. Wenn gegen Ende des 18. Jahrhunderts in vielen europäischen Ländern neue gesetzliche Regelungen zum Bestattungswesen erlassen wurden, die in den wesentlichen Punkten übereinstimmen, waren diese nicht Auslöser, sondern Folgen einer gewandelten Anschauung.

Damals erhielten unsere Friedhöfe das Aussehen, das sie – mit Einschränkungen – noch heute haben. Denn wenn wir auch geneigt sind, unserer gegenwärtige Auffassung vom Tod und vom Friedhof für eine seit Urzeiten tradierte Form der Totenverehrung zu halten, so ist doch die historische Wahrheit – soweit wir sie bestimmen können – eine ganz andere.

Wie sehr jene gewandelte Anschauung vom Tod noch heute unser Denken beeinflußt, wird beispielsweise an dem verbreiteten Irrglauben deutlich, Friedhof bedeute »Hof des Friedens«, während das Wort tatsächlich auf das mittelhochdeutsche *vriten* (hegen) zurückgeht; *freithof* war die Bezeichnung für einen eingehegten Raum, den Vorhof eines Hauses oder einer Kirche, denn die innerhalb der Ansiedlungen gelegenen Kirchhöfe waren Freistatt, d. h. Asylraum. »Daß aber in den Jahrhunderten der Neuzeit der Name so sehr mißverstanden werden konnte, spricht deutlicher als vieles andere von der angetretenen Umwälzung des Denkens und der Zustände.«

Details eines Barockgrabes an der Katharinenkirche

Der Peterskirchhof

An dem wichtigsten Vorgänger des Hauptfriedhofes an der Eckenheimer Landstraße – dem Peterskirchhof – lassen sich alle Mißstände aufzeigen, aufgrund derer ab der Mitte des 18. Jahrhunderts die fortschrittlich Denkenden Europas eine Verlegung der Begräbnisstätten aus den Siedlungen forderten.

Der zur St. Peterskirche gehörende – damals außerhalb der Stadt gelegene – Kirchhof wurde im Jahre 1452 als zukünftig einzige rechtsmainische Begräbnisstätte der Stadt Frankfurt eröffnet. Nur Geistliche sowie »Familien, die in einer der Kirchen oder einem anderen Begräbnisplatz ein Erbbegräbnis besaßen«, waren von dieser Regelung ausgenommen. In den Pestjahren 1502 und 1507 vergrößert, vermachte 1508 der aus Nördlingen stammende Kaufmann Hans Felber der Stadt zum Dank für die freundliche Aufnahme, die er hier erfahren hatte, 1500 Gulden zum Ausbau der Friedhöfe, »damit die lebendigen menschen des schedelichen gesmaks der doten unbeswert pliben mögen«.

Nach der Reformation wurden die »Päpstlichen« auf den Kirchhöfen der verschiedenen Pfarreien, vor allem auf dem Pfarrkirchhof (das heutige Domgelände) beerdigt, die Protestanten weiterhin auf dem Peterskirchhof, dessen Gelände nach erneuten Erweiterungen in den Jahren 1521, 1638 sowie 1746 schließlich 2,25 Hektar umfaßte. Die Aufklärung führte zur Aufhebung der Bestattung nach Konfessionen, und ab 1812 war der Peterskirchhof wiederum Begräbnisstätte aller rechtsmainischen Frankfurter.

Die meisten Toten wurden in der Reihenfolge des Ablebens beigesetzt, und – häufig voreilig – ausgegraben, so-
bald der Platz gebraucht wurde. Dann war auch das ein-
fache Holzkreuz, einziges auf diesen Gräbern erlaubte
Grabmal, zerfallen. Die Frankfurter Patrizierfamilien
gaben sich allerdings mit solchen Holzkreuzen nicht zu-
frieden; sie hatten Familiengrabstätten, für die Steinmonumente zugelassen waren. So wurden alle Angehörigen
einer Familie »wiedervereint« und nicht, wie weniger
begünstigte Familien, je nach Zeitpunkt ihres Todes getrennt voneinander irgendwo auf dem Kirchhofgelände
beerdigt. Für alle Grabstätten galt, daß über die dort
Bestatteten nicht Buch geführt wurde – daher war auch
bei den sogenannten Epitaphiengräbern später nicht immer festzustellen, wer dort beerdigt lag, zumal es nicht
üblich war, jeden einzelnen Namen auf dem Stein zu vermerken. So wurde das Grab von Goethes Mutter – das
auf dem Gelände der heutigen Liebfrauenschule liegt –
erst Ende des 19. Jahrhunderts wiederentdeckt, nachdem
man lange irrtümlich ein anderes dafür gehalten hatte.

Ihr Sohn schrieb über die Familiengrabstätte: »Neben
denen dereinst zu ruhen, die man liebt, ist die angenehm-
ste Vorstellung, welche der Mensch haben kann, wenn
er einmal über das Leben hinausdenkt.« Und Fontane
bedauerte: »Kein Erbbegräbnis mich stolz erfreut, meine
Gräber liegen weit verstreut.«

Jene begehrten Familiengrabstätten ließen sich nicht
käuflich erwerben, denn geweihter Boden war unveräu-
ßerlich. Sie standen auserwählten Familien der Stadt zu,
und auch diese erhielten sie nur nach »freiwilligen« Spenden an den Allgemeinen Almosenkasten.

Streit um die Verlegung des Friedhofes

Der Peterskirchhof wurde infolge der wachsenden Bevöl-
kerungszahl zu klein, im Laufe der Jahrhunderte war die
städtische Bebauung dicht an den Kirchhof herangerückt.
So gab es bereits im Jahre 1786 für die rechtsmainisch
Wohnenden keine neuen Familiengräber mehr, und durch
die »Neuankömmlinge« – die katholischen Bürger Frankfurts – spitzte sich das Problem ab 1812 weiter zu. Ein
Familiengrab war nur noch verfügbar, wenn eine andere
Familie erloschen war, und so wuchs die Höhe der »Spenden« mit der Knappheit der Plätze.

Aufgrund dieser Platznot konnten die zur vollständigen
Verwesung erforderlichen Ruhezeiten nicht eingehalten
werden, so daß »sich öfters bei dem Grabmachen die
widrigsten Mißstände« ergaben – diese Mißstände bestanden vor allem in einem offenbar unsäglichen Ge-
stank, der entstand, weil der erschöpfte Boden keine
ausreichend rasche Verwesung gewährleistete. Das führte, wie der Arzt Dr. Georg Friedrich Hoffmann im Jahre
1821 berichtete, dazu, »daß man bei jedem neuen Grab,
zum Gräuel der Zuschauer auf halb verwesete Leichen
trifft, die erst herausgescharrt und auf die Seite gebracht
werden müssen, ehe man den neuen Ankömmling ein-
senken kann. Dies ist ein Fall, der leider täglich eintritt.«
In den ersten Jahrzehnten des 19. Jahrhunderts wurde in
der Stadt ein mit spitzer Feder geführter Kampf ausge-
tragen, bei dem es um das Für und Wider einer abermali-
gen Vergrößerung des Kirchhofes ging (die Gegenseite
drängte auf Verlegung vor die Stadt). Während sich auf
der Seite der Befürworter vor allem naturwissenschaftlich

orientierte Menschen wie der Arzt Dr. Hoffmann hervortaten, gehörte zu den wortgewaltigen Gegnern der Verlegung der traditionsbewußte Bürger wie der Buchhändler Franz Varrentrapp und der Geheimerath Willemer. Aber 1821 mußte der Geheimerath Willemer, obwohl ein entschiedener Gegner der Erweiterungspläne, einräumen, daß es sich nicht immer vermeiden lasse, »daß im Laufe der Zeit, die Gebeine eines uns im Leben lieb gewesenen, nach seinem Tode, muthwilligen Knaben zum Spielzeug dienen«.

Diese »Unschicklichkeit der Lage« führte zu »Klagen der nächsten Nachbarschaft« und sogar dazu, daß »selbst die angrenzenden Gebäulichkeiten und Bauplätze in ihrem wahren Werthe verloren«. Sie führte auch – und dies ist für unser heutiges Verständnis vom Friedhof in nicht geringem Maße befremdlich – dazu, »daß die auf Gräbern gesonnten und ausgeklopften Betten, und die daselbst getrocknete Wäsche, einen Todengeruch bekömmt«. Wegen all dieser Widrigkeiten blieb der Friedhof grundsätzlich geschlossen und wurde, außer für Bestattungen, nur an zwei Tagen der Woche für wenige Stunden geöffnet – und auch dann war der Besuch eher spärlich.

Einige Frankfurter Patrizierfamilien wichen zwar, als keine neue Epitaphienplätze mehr zu haben waren, auf den Dreikönigskirchhof in Sachsenhausen aus, doch sie gehörten bei der Diskussion um die Verlegung zu den heftigsten Befürwortern einer Erweiterung des alten Areals durch Ankauf angrenzender Grundstücke (es handelte sich um Bleichgärten), da sie – begreiflicherweise – ihre alten Familiengräber nicht aufgeben wollten. Wer dennoch einen Platz bekam, war oftmals weitsichtig genug, bei der Wahl des Grabsteins darauf zu achten, daß er bei einer möglichen Verlegung des Friedhofes versetzt werden konnte.

In krassem Widerspruch zu dem Eifer um den Erhalt des alten Begräbnisplatzes steht ein Zitat aus dem Jahre 1790: Schon damals, so heißt es da, verfielen »die Epitaphien der angesehendsten Familien, und werden von frevelhaften Händen mit Muthwillen zerstückert und verstöhrt«, 1821 schrieb Dr. Hoffmann, die »halb vermoderten und versunkenen Epitaphien« seien »schon jetzt überall mit Balken und Pflöcken unterbauet, damit sie die Lebendigen nicht todschlagen«.

Ein weiteres, gewichtiges Argument gegen die Verlegung »vor die Tore der Stadt« (ein Ausdruck, der für Frankfurt seit dem Schleifen der Wallanlage im Jahre 1806 nur noch metaphorisch gebraucht werden konnte), war, daß Friedhöfe außerhalb der Siedlungen keinen guten Ruf genossen, da nur Ausgestoßene außerhalb der Kirchhöfe in ungeweihter Erde beerdigt wurden: Pestopfer, Verbrecher, Selbstmörder.

Befürworter einer Verlegung waren vor allem Mediziner, die derartigen »altmodischen« Einwänden gegen eine Verlagerung der Friedhöfe keinerlei Beachtung schenkten. Sie forderten eine Trennung von Lebenden und Toten, wobei sie nachhaltig vor der »verdorbenen, und mit faulen Ausdünstungen verwesender Leichname geschwängerten Luft« warnten, die für die Lebenden überaus gefährlich sei. Dieser Ansicht schlossen sich die fortschrittlichen Denker der Zeit an. Sie waren von der Aufklärung beeinflußt, in deren Folge sich Gesellschaft und Lebensanschauung nachhaltig verändert hatten. Neue

Erkenntnisse der Wissenschaft, vor allem der Medizin, die Abkehr von einem christlich geprägten Lebensbild sowie neue politische Konstellationen wirkten zusammen und führten zu einer gänzlich anderen Einstellung zum Tod. Einen nicht zu unterschätzenden Einfluß hatte die Antikenrezeption, die vor allem den vorchristlichen Kulturen Griechenlands und Roms nacheiferte. So beriefen sich die Vertreter des Klassizismus auf die »weisesten Verordnungen römischer Gesetzgeber«, die eine Bestattung innerhalb der Städte verboten. Die Romantik machte im ausgehenden 18. und 19. Jahrhundert den Tod, den Gang zu Friedhof, die Trauer um den Verstorbenen zu zentralen Themen in Dichtung und Malerei. Und so war der Streit um die Verlegung des Friedhofes nicht zuletzt ein Streit um weltanschauliche Positionen, in dem sich die traditionsverhafteten Patrizierfamilien und die aufstrebenden Leitbilder der Gesellschaft – Naturwissenschaftler und Intellektuelle – gegenüberstanden.

Suche nach einem geeigneten Platz

Einen entschiedenen Bündnispartner fanden die »Fortschrittlichen« im Erzbischof von Regensburg und Fürstprimas des Rheinbundes, Carl Theodor von Dahlberg. Dahlberg war von 1806 bis 1813 der von Napoleon I. ernannte Landesherr des Herzogtums Frankfurt, das durch ihn zahlreiche Neuerungen erfuhr, die dem Geist der Aufklärung und der Französischen Revolution verpflichtet waren.

Die Frage, warum Dahlbergs Position für die Aufklärung so typisch war, läßt sich mit einem Blick in die gesetzlichen Regelungen des Bestattungswesens beantworten, durch die im ausgehenden 18. Jahrhundert »der Friedhof von einer christlichen Kultstätte zu der sanitären Anlage einer politischen Gemeinde wird«.

Gesetze der Art wurden damals in ganz Europa erlassen, das einflußreichste war das des Habsburgers Joseph II., der 1782/83 die getrennte Bestattung von Katholiken und Nichtkatholiken aufhob, die Beisetzung in den Kirchen verbot (wobei dieses Privileg den Adligen und Kirchenfürsten letztendlich erhalten blieb – Joseph II. selbst ist in der Kapuzinergruft in Wien beigesetzt), und zudem »neue Gottesäcker in entfernten, abseitigen Orten« anordnete. Das Gesetz bestimmte mit kühlem Zweckdenken, Leichen seien unbekleidet in ein Tuch einzunähen und ohne Sarg beizusetzen, »da bey der Begrabung kein anderes Absehen seyn könne, als die Verwesung so bald als möglich zu befördern, und solcher nichts hinderlicher wäre, als die Eingrabung der Leichen in Todtentruhen…so könnten mehrere in die nämliche Grube gelegt werden«. Bekanntlich wurde Mozart auf diese Weise beerdigt. Doch auch Massengräber entsprachen nicht den hygienischen Anforderungen der damaligen Mediziner. Ihre Einwände waren erfolgreich, die meisten Gesetze und Friedhofsordnungen des 19. Jahrhunderts schreiben die Bestattung im Einzelgrab vor.

Dies tat auch die Napoleonische Begräbnisordnung aus dem Jahre 1804, die, auf bereits 1765 in Paris erlassenen Gesetzen aufbauend, u. a. die Anlage neuer Friedhöfe außerhalb von Paris anordnete. Diese Napoleonische Begräbnisordnung sollte für Frankfurt auch nach dem Ende von Dahlbergs Regentschaft von Bedeutung sein, und ich werde aus ihr noch verschiedentlich zitieren. Hier genügt der Hinweis, daß sie unter anderem die Bestattung auf innerstädtischen Kirchhöfen ausnahmslos verbot.

In Dahlbergs Zeit fiel die erste ernsthafte Suche nach einem geeigneten neuen Begräbnisplatz außerhalb der Stadt. Dahlberg wollte ihn 1808 an die Pfingstweide (das heutige Zoo-Gelände) verlegen. Die Ausführung des Planes verzögerte sich, weil keine Einigkeit darüber zu erzielen war, wie die Eigentümer dieses Areals (das vor allem dem Metzgerhandwerk gehörte) zu entschädigen seien. »Aber die in den Jahren 1812 und 1813 sich ereigneten großen Kriegsbegebenheiten, von welchen besonders die hiesige Stadt so sehr berührt wurde, schlugen diese tiefgefühlte Angelegenheit nieder.« Frankfurt hatte andere Sorgen.

1818 stand in Frankfurt die Verlegung erneut zur Diskussion: Als Plätze wurden unter anderem die »Bornheimer Haide« genannt, die zu weit entfernt schien, sowie die »Gallenwarte« (die heutige Galluswarte), die abgelehnt wurde, weil »das Feld, wo der Galgen gestanden hat, schon wegen seiner früheren Bestimmung nicht anständig« war. Hinzu kam, daß »dieses Gelände von den feuchten West- und Südwestwinden bestrichen wird, die im Gegensatz zu den reinen und heftigen Nordwinden, die selten bei Regen wehen, den Verwesungsgeruch über die Stadt verbreitet hätten.« Auch die Pfingstweide war wieder im Gespräch, doch gegen diesen Ort wurde unter anderem angeführt, daß »die Jugend den einzigen Spiel- und Tummelplatz verlieren würde, was bei dem großen Umfang der Stadt, wie uns scheint, nicht außer Acht zu lassen ist«.

Noch 1820 – also sechs Jahre vor dem Bau des Neuen Friedhofes – beschloß der Senat eine Vergrößerung des Peterskirchhofes, die Kommission der gesetzgebenden Versammlung jedoch verwarf diesen Plan mit 66 gegen 3 Stimmen und sprach sich für den Kauf eines Geländes vor der Stadt aus.

So vergingen von den ersten ernsthaften Plänen, den Peterskirchhof zu schließen, bis zur Eröffnung des »Neuen Friedhofs von Frankfurt am Main« – dem heutigen Hauptfriedhof – immerhin zwanzig Jahre.

Der Peterskirchhof hatte bei seiner Schließung noch etwa dreihundert wohlerhaltene Denkmäler, verwandelte sich aber offenbar zunehmend in einen Stadtpark, denn 1887 hieß es, er sei »ein besuchter Spielplatz für die lieben Kleinen«. Als in den Jahren 1890 bis 1910 die alte Peterskirche abgerissen und Teile des Kirchhofgeländes für eine Straße und die Liebfrauenschule planiert wurden, stapelte man die Grabsteine zu Hunderten wahllos aufeinander und plazierte die verbliebenen Reste an die alten und neuen Mauern. Bei Abbruch der Peterskirche stellte sich übrigens heraus, daß in ihr »reichlich hundert Personen, Angehörige unserer Patrizierfamilien, hauptsächlich in der Mitte des 16. bis zur Mitte 17. Jahrhunderts begraben« waren.

Trotz dieser Zerstörungen, die auch nach 1910 nicht aufhörten, blieben auf dem Gelände des von einer Mauer umgebenen Peterskirchhofes zwischen der Stephanstraße und der Bleichstraße zahlreiche alte Grabsteine stehen.

Das Areal an der
Eckenheimer Landstraße

Die Suche nach einem passenden Gelände für den neuen Friedhof gestaltete sich also schwierig. Die 1826 getroffene Wahl mag von der Napoleonischen Begräbnisordnung beeinflußt gewesen sein, in der es hieß: »Dem Terrain, das am höchsten erhoben und nach Norden gerichtet ist, ist der Vorzug zu geben«, denn es war bekannt, »daß die Mittags- und Abendwinde ohnehin die Fäulung befördern, und der Gesundheit nachtheilig sind«. Riecke betonte den Vorteil von »erhabenen Plätzen«, weil diese »den Winden zugänglicher sind und so die Luft daselbst sich reiner hält. Auch gewähren sie den Vortheil, daß weniger eine der Fäulnis nachtheilige Nässe des Bodens zu besorgen ist«, der überdies für Bestattungszwecke geeignet sein mußte. Auch dies schien bei dem gewählten Areal an der Eckenheimer Landstraße – auf einer Anhöhe im Norden der Stadt – der Fall zu sein.

Dort erhielten, ebenfalls im Jahre 1828, auch die Frankfurter Juden einen neuen Friedhof, der ihren bisherigen an der Battonnstraße ablöste. Dieser damals neue, heute »Alte« jüdische Friedhof grenzt im Osten unmittelbar an den christlichen, ist von diesem jedoch völlig getrennt und hat ein eigenes, ebenfalls von Friedrich Rumpf entworfenes Eingangsportal. Beide Friedhöfe wurden mit einer Bruchsteinmauer von 10 Schuh Höhe (ein Frankfurter Werkschuh entspricht 28 cm) umgeben, und auch hier ist die Nähe zum französischen Gesetz unverkennbar, das bestimmte, Friedhofsgelände seien »mit Mauern zu umgeben, die mindestens 2 Meter hoch sind«.

Der Peterskirchhof wurde am 30. Juni 1828 mit dem Begräbnis von Thomas Zehe geschlossen, der Neue Friedhof am darauffolgenden Tag mit dem der 52jährigen, aus Amsterdam stammenden Witwe Maria Catharina Alewyn »inauguriert und seiner Bestimmung übergehen«. Die Zeitgenossen sahen in den Namen Symbolisches: »Bemerkenswerth ist es, daß der Name der letzten Leiche auf dem Peterskirchhof sich mit einem Z., und der Name der ersten auf dem neuen Friedhof beerdigten mit einem A. schreibt.« Das Grab Alewyn hatte einen von Zwerger gestalteten Grabstein und wurde 1923, also nach nahezu einhundert Jahren, aufgelöst. Heute befindet sich an dieser Stelle im Gewann D (a. d. Mauer 192) ein Gedenkstein.

Einer der Engelsköpfe auf dem Dach des Haupteingangs

Der neue Friedhof

Wie sah der Friedhof bei seiner Eröffnung aus, zu einer Zeit, als »die Arbeiten zur Erleuchtung unserer Stadt mit Gaslicht [...] den erfreulichsten Fortgang« machten?

Der Weg von der Stadt zum Portal war beidseitig mit einer doppelten Reihe Ulmen bepflanzt. Vor dem Friedhof lag ein »großer, mit grauen Basaltsteinen sehr schön gepflasterter Platz [...] Hier auf diesem herrlichen Platze breitet sich in einer großen Fläche theils ein grüner Wiesen-Teppich, theils die üppigsten Saatfelder vor unseren schwimmenden Augen aus. Wir sehen hier in einem Umkreis von 4 Stunden.« An anderer Stelle heißt es: »Es liegt derselbe eine starke Viertelstunde nördlich von Frankfurt auf einer sanft sich verflachenden Anhöhe, welche eine höchst reizende Aussicht gewährt auf die in der Tiefe liegende Stadt, auf die waldigen Höhen hinter Sachsenhausen und den fernen Odenwald, nach Bornheim und der Friedberger Warte hinüber, besonders aber auf das liebliche Niddathal und den im fernsten Hintergrunde hervortretenden Taunus.«

»Indem wir einzutreten im Begriffe stehen, öffnet sich uns kein schwarzes finsteres, in seinen schweren Angeln sich dröhnendes Thor; nein, eine freundliche Gitterthüre ist eröffnet.« Diese Tür gehörte zu dem vom Architekten Friedrich Rumpf entworfenen klassizistischen Eingangsportal, »in einem großartigen Style erbaut, und gewährt in dieser ganz freien Gegend einen imposanten Anblick«.

Seine Gestaltung muß einigen Wirbel verursacht haben, denn ursprünglich sollten – dem klassizistischen Bau

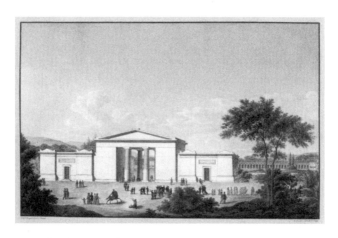

Ansicht des Portals von 1828

entsprechend – Sphinxen die auslaufenden Giebel schmücken, ein Plan, der wegen der »heidnischen« Symbolik wütenden und wirksamen Protest der Geistlichen der Stadt hervorrief. Abbildungen der Jahre 1828/29 zeigen nicht weniger als vier Versionen des Portaldaches: eine mit Sphinxen, eine ohne jegliche Verzierung, eine mit Palmetten sowie eine vierte mit einem Kreuz auf dem First und zwei seitlich angebrachten, geflügelten Engelsköpfen von Nepomuk Zwerger, die noch heute das Alte Portal schmücken. Die Farbe des Portals wurde übrigens seinerzeit als »weiß leuchtend« bezeichnet.

In dem Gebäude auf der linken Seite des Hauptportals befand sich eine kleine Trauerhalle für etwa fünfzig Personen sowie die Wohnung des Friedhofswärters, auf der rechten war das »Todtenhaus«, dessen Benutzung nur den christlichen Einwohnern zustand. Diesen Gebäuden kommt eine ganz besondere Bedeutung zu, denn deren ursprünglicher Zweck erhellt die damals vorherrschende Einstellung zum Tod. Und es gibt am »Neuen Friedhof von Frankfurt a. Main« auch wenig, das – für uns – derart makaber-erheiternd ist.

Die Aufklärung führte, wie gesagt, zu einer veränderten Auffassung von den Toten – jahrhundertelang innerhalb der Siedlungen geduldet, waren Leichname nun als Gesundheitsrisiko allererster Ordnung ausgemacht worden, vor deren Gefahren man nicht nachhaltig genug warnen konnte. Nun läßt sich nicht von der Hand weisen, daß die Beschreibungen der alten Kirchhöfe überaus beklagenswerte Zustände wiedergeben – doch die Vehemenz, ja Panik, mit der eine Abkehr von diesen alten Bräuchen gefordert wurde, läßt mehr vermuten: Der Tod wurde vom Leben abgetrennt, als nicht mehr zu ihm gehörig empfunden, die Lebenden mußten sich vor den Toten – und dem Tod – schützen.

Leichenhaus

Als unberechenbar galten die Toten allerdings schon längst, wenn auch auf andere Art. Lange Zeit schienen sie von großer Unruhe getrieben – im 17. und noch im 18. Jahrhundert ist immer wieder davon die Rede, daß sie »schmatzten, bissen, bluteten und rauften«. Althammer schreibt, in Frankfurt seien »Berichte über ein Schmatzen der Toten im Umlauf« gewesen. Erst die Aufklärung konstatierte, Tote seien zu derlei Unfug nicht fähig. Als endgültiger Beweis des eingetretenen Todes galt nun die Verwesung. Aber ohne diese – bei gerade Verstorbenen also – schien die eindeutige Trennung von

Toten und Lebenden noch immer voller Unwägbar-
keiten.

Diese Ungewißheit führte zu der Furcht vor dem Scheintod und der damit einhergehenden Gefahr, lebendig begraben zu werden. Die Angst hatte offenbar epidemische
Ausmaße angenommen, nachdem der Berliner Arzt Chri-
stoph Wilhelm Hufeland 1791 dazu eine Abhandlung
mit dem Titel *Über die Ungewißheit des Todes* veröffentlicht hatte. An der Häufigkeit des Scheintodes konnten
kaum noch Zweifel bestehen, über die Ursachen stritten
die Gelehrten, aber es schien »indessen gewiß zu seyn,
daß der Scheintod öfter bei Frauenspersonen als bei
Mannspersonen eintritt«.

In Frankfurt wurde seit 1789 »die Frage wegen Ungewißheit des Todes vielfach besprochen«. Bereits im
Jahre 1779 hatte der Rat der Stadt, auf Empfehlung der
Physici, eine Verordnung erlassen, die besagte, eine Bestattung sei erst »nach drei Nächten« zulässig und auch
die »Todtenhaus-Ordnung« aus dem Jahre 1828, die mit
der Eröffnung des Neuen Friedhofes in Kraft trat, schreibt
eine Frist von drei Nächten vor.

Da allein die Beisetzung (wie die Aufbahrung damals
hieß) in einem Leichenhaus alle gebotenen Vorsichtsmaß-
nahmen in sich zu vereinen schien, schrieben die Frankfurter bereits im Jahre 1793 nach Braunschweig und
Weimar, um von dort Rat über die Anlage von Leichenhäusern zu erbitten. Weimar, wo 1792 unter Hufelands
Aufsicht das erste deutsche Leichenhaus erbaut worden
war, schickte als Antwort dessen Buch »nebst Plan und
Ansicht des zu Weimar errichteten [Leichenhauses]«.
Dieser Plan wurde beim Bau der an das Eingangsportal

grenzenden Gebäude benutzt, deren Gestaltung von den gerade besprochenen, für die Zeit so typischen Ängsten beherrscht war: Leichen aus dem Bereich der Lebenden zu entfernen, die dort aufgebahrten Toten im wahrsten Sinne des Wortes *hermetisch* von den Lebenden abzuschließen und des weiteren sicherzustellen, daß nicht versehentlich ein Lebender beerdigt wurde.

Da ein Leichenhaus als »Tempel des Schlafs« galt, durfte es nicht wie ein nüchterner Aufbewahrungsort wirken, sondern mußte, als »einladender Zufluchtsort für den zweifelhaften Mittelzustand«, der Würde und der Ernsthaftigkeit des Totenkultes angemessen gestaltet werden. Als Teil des Eingangsportals war es folglich in »einem grossartigen Style erbauet«. Verbunden war es mit diesem Portal, ebenso wie die Wohnung des Friedhofswärters, durch »eine grosse gewölbte Halle mit einfallendem Lichte, welche durch farbiges Glas beleuchtet wird«, dessen »magisches Licht die Brust mit einer wohlthuenden Wehmut erfüllt«. Dieses farbige Glas, »das in der Mitte ein großes Kreuz« darstellte, sollte den recht profanen Zweck des Baus hinter feierlichem Gepränge verbergen und hatte ohne Frage Kirchenfenster zum Vorbild.

Wie entscheidend der Scheintod und seine Gefahren die Planung des Bauwerkes beeinflußten, zeigte sich bereits daran, daß die »Todtenhaus-Ordnung« mit folgenden Worten beginnt:

Der Zweck des Leichenhauses ist:
(a) *möglichst* vollkommene Sicherstellung vor der Gefahr lebendig begraben zu werden.

Das Haus bestand aus zehn (hermetisch und geruchs-
sicher abgeschlossenen, jedoch gut belüfteten) Zellen,
die sich um ein Wärterzimmer gruppierten und von diesem durch Fenster einsehbar waren. Diese Zellen wurden,
ganz im Widerspruch zu unserer Auffassung, Tote möglichst kühl aufzubahren, im Winter geheizt, und zwar
um die Verwesung zu beschleunigen. Althammer kom-
mentiert das Beheizen mit feinem Humor: »Auch sollten
sich etwaige Scheintote nicht erkälten, die dann an Lun-
genentzündung sterben würden.« Erst 1888 beschloß die
Stadtverordneten-Versammlung die Anschaffung von
Eiskästen zur »Conservierung der Leichen« in Leichenhäusern.

Der Wächter, der die Toten zu bewachen hatte, wurde
seinerseits streng überwacht. Doch mit einer ständigen
– vielleicht, wie Hoffmann 1820 anregte, »durch Beloh-
nung aufgemunterten« – Bewachung der aufgebahrten
Toten ließ man es nicht bewenden, denn schließlich war
zu erwarten, daß ein gerade Erwachter zu geschwächt
sein würde, um durch raumgreifende Gesten auf sich
aufmerksam zu machen: »Spiegel vor dem Munde der
Leichen zeigen durch Trübung den Hauch oder das Ath-
men eines Scheintodten«. Obendrein hatte man, um ganz
sicher zu gehen, eine komplizierte Einrichtung ersonnen,
die in ähnlicher Form bereits an anderen Orten, so zum
Beispiel in Trier und Weimar (dessen Pläne ja hier vorla-
gen), erprobt worden war: »Die hier beigesetzten Leichen
werden an jedem Finger mit einem Fingerhut von konischer Form versehen, welche durch eine Schnur verbunden in das Wächterzimmer gehen, und bei der geringsten
Bewegung eine Glocke über dem bezifferten Fenster der

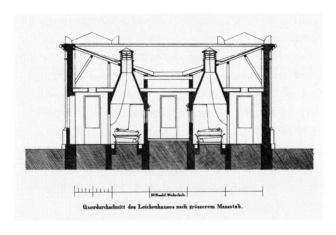

Querdurchschnitt des Leichenhauses nach grösserem Maassstab.

Ein Querschnitt des Leichenhauses. Die Klingelvorrichtung an den Händen der Aufgebahrten ist gut zu erkennen.

Zelle ertönen lassen, wodurch sowohl bei Tag als bei Nacht, jede Lebensäußerung sofort kund wird. [...] Nahe an dem Zimmer des Wächters ist das Local für Wiederbelebungsversuche nebst einer Badestube mit angrenzender Küche, wo sogleich warmes Wasser zu haben ist.« In der Küche befanden sich »mehrere Kasserollen, um die nöthigen warmen Thee- und Kräuteraufgüsse zu machen«, im Bad die »zur Wiederbelebung Scheintodter nöthigen Medicamente und Aparate«. Wenn man bedenkt, daß Hufeland im Jahre 1801 eine Schrift mit dem Titel »Nöthige Erinnerung an die Bäder und ihre Wiedereinführung in Teutschland, nebst eine Anweisung zu ihren Gebrauche und bequemen Einrichtung derselben in den Wohnhäusern« veröffentlichte, dann kann man Boehlkes Kommentar nur zustimmen, der Aufwand eines

Badezimmers sei damals für die Lebenden kaum getrieben worden.

Bemerkenswert auch die Anordnung, der Friedhofsaufseher (»der in Hinsicht seiner Kenntnisse in der Heilkunde vom Sanitäts-Amte geprüft wird«) dürfe, »wenn Leichen in dem Leichenhaus beigesetzt sind, den Friedhof nicht verlassen, zu welchem Behufe demselben die an die rechte Seite des Portals sich lehnende bequeme Wohnung angewiesen ist«. Sie kann gar so bequem nicht gewesen sein. Aufgrund ihrer mißlungenen Dachkonstruktion war sie ständig feucht.

Vorkehrungen zur Vermeidung der Beerdigung von Scheintoten wurden in der ersten Friedhofsordnung so häufig und mit solcher Schärfe wiederholt, daß sich der Verdacht aufdrängt, man habe mit ständigem Glockengebimmel gerechnet. Tatsächlich aber läuteten diese »Totenglocken«, wie Ohlenschlager 1881 schreibt, in den mehr als fünfzig Jahren seit der Eröffnung nur ein einziges Mal (leider gibt er das Jahr dieses großen Ereignisses nicht an). Es wird vermutlich größte Aufregung verursacht haben, doch als sie sich legte, stellte man fest, daß hier mitnichten eine »Leiche bei Wiederbelebung in das Belebungszimmer geschafft werden« mußte. Es war sehr viel profaner: »Zersetzungsgase hatten nämlich den Bauch der Leiche aufgetrieben und die Glocken hierdurch in Bewegung gesetzt«. Es ist zu hoffen, daß man sich trotz aller Aufregung an die Todtenhaus-Ordnung erinnerte, nach der »nur durch den Arzt des Scheintodten und wenn an der Wiederbelebung nicht mehr zu zweifeln ist, dem betreffenden Sterbhaus Nachricht von einem solchen Vorfall ertheilt werden soll«.

Wenige Tage vor Eröffnung des Friedhofs verkündete die Stadt-Canzlei, »daß nicht gezweifelt werde, die löbliche Bürgerschaft werde sich der durch das Todtenhaus dargebotenen mannigfachen Vortheile, insbesonderheit möglichst vollkommener Sicherstellung vor der Gefahr lebendig begraben zu werden, und eines anständigen Aufbewahrungsortes der Verstorbenen unter beständiger Aufsicht, durch fleißige Benutzung desselben theilhaftig machen«.

Dies tat die löbliche Bürgerschaft trotz der Anstrengungen der Planer und Erbauer, trotz edlen Styles, magischen Lichts und konischer Fingerhüte weder im Jahre 1828 noch in den folgenden fünfzig Jahren. Bis 1875 wurden in keinem Jahr mehr als fünfzehn Tote auf Wunsch der Hinterbliebenen »beigesetzt«, wobei es sich vermutlich vor allem um nicht Ortsansässige handelte (wie ja auch die erste auf dem Friedhof Bestattete – Frau Alewyn – eine im Gasthaus »Zum Schwanen« abgestiegene Besucherin aus Holland war). Erst in den neunziger Jahren erreichte die Rate über achtzig Prozent. Eine der Ursachen hierfür war die rapide Zunahme kleiner Wohnungen, in denen Tote nicht aufgebahrt werden konnten, ein Mißstand, den bereits die Todtenhaus-Ordnung von 1828 bedachte, denn neben der Sicherstellung vor dem Scheintod war zweiter Zweck des Leichenhauses, »ein anständiges Lokal darzubieten, um aus beengten Wohnungen hiesiger Einwohner Leichen entfernen zu können«. Erst in der Frankfurter Friedhofsordnung von 1895 fehlt jeglicher Hinweis auf Vorkehrungen, mit denen man die Beerdigung Scheintoter zu vermeiden trachtete.

Im Zweiten Weltkrieg brannte das Eingangsportal völlig aus, von der ursprünglichen Anlage blieben nur die Außenmauern erhalten, die Zellen mit dem Wächterzimmer sind ebenso verschwunden wie die Glasfenster. In den wiederaufgebauten Gebäuden wurden die Büros der Friedhofsverwaltung untergebracht.

Gruftenhalle

Dem Portal gegenüber liegt das zweite große Gebäude des Friedhofes, die 176 Meter lange, in ihrer Gestaltung an dem italienischen Campo Santo orientierte Gruftenhalle. Sie war Frankfurter Patrizierfamilien zugedacht und sollte sie über den Verlust ihrer Grabmonumente auf dem Peterskirchhof hinwegtrösten. Dennoch kam sie dieser (von vielen, vielleicht den meisten nicht einmal erwünschte) »Ersatz« teuer zu stehen, denn »die Käufer kamen selbst für die Errichtung der Grüfte auf. Während sich die Kosten für ein Familiengrab an der Mauer auf 38 Gulden und 30 Kreuzer belief, schweigen die Legitimationsurkunden über den Preis für eine Gruft.«

In jeder der fünfundfünfzig Grüfte finden zwölf, in den beiden Eckgrüften, die wie kleine Kapellen gestaltet sind, sogar achtzehn Särge Platz. Von den Eckgrüften der Familie von Bethmann im Norden und der Familie Behrends-Manskopf im Süden gelangte man über Wendeltreppen auf das Dach; der Rundblick von dort wurde bereits beschrieben. Und dann war noch »am Ende der rechten Seite der Familiengrüfte ein eisernes Gitter, das die Aussicht nach der Stadt gewährt«.

Heute ist die Gegend alles andere als »ganz frei«, der Rundblick ist verbaut. Und wenn es auch das Gitter noch gibt, so geht der Blick aus dem rechten Seitentor nicht mehr nach der Stadt, sondern auf den Straßenverkehr und die gegenüberliegenden Häuser der Rat-Beil-Straße. Der südliche Teil der Halle wurde im Jahre 1944 von Bomben getroffen, dabei wurden zahlreiche Grüfte zerstört.

Gärtnerische Gestaltung

Zwischen den beiden Bauten liegt, seitlich von Mauern eingefaßt, die eigentliche Begräbnisstätte des Neuen Friedhofs von 1828. Die gärtnerische Gestaltung dieses »Fleckchen Erde, wo in Gottes freier Natur die Heimgegangenen ruhen sollen, ohne den Zurückgebliebenen lästig zu werden« war ein damals beliebtes und schier unerschöpfliches Thema. In typischen zeitgenössischen Worten lautet die Idealvorstellung so: »Wohlthuend ist es für jedes fühlende Herz, wenn an dieser Stätte dem Auge, so weit es umherblickt, keine Schrecknisse entgegendräuen; wenn nichts an die Leiden der Sterbenden, nichts an den Schmerz der Lebenden erinnert; wenn der heitere Raum nur ein Bild der stillen ersehnten Ruhe ist, welche die Bewohner desselben genießen. Die Stätte der Verwesung sei mit Blumen überkleidet, die Wohlgeruch verbreiten und den summenden Bienen Nahrung geben. Breite, mit Pappeln und Hängebirken besetzte Gänge mögen die Freunde des Ernstes zum Nachdenken einladen.«
Die Theorie der Gartenkunst, 1779 bis 1785 von dem »ordentlichen Professor der Philosophie und der schönen

Wissenschaften zu Kiel«, Christian Cay Lorenz Hirsch-feld, veröffentlicht, forderte, der Friedhof solle ein »me-lancholischer Garten« sein: »Das Ganze muß ein großes, ernstes, düsteres und feyerliches Gemälde darstellen, das nichts Schauerhaftes, nichts Schreckliches hat, aber doch die Einbildungskraft erschüttert, und zugleich das Herz in eine Bewegung von mitleidigen, zärtlichen und sanft-melancholischen Gefühlen versetzt«.

Solche Worte verraten den Einfluß der seit etwa 1760 herrschenden Auffassung von Gartenarchitektur. Nicht mehr der geometrische Barockgarten ist das Ideal der Zeit, sondern der englische Landschaftsgarten, der al-lerdings keineswegs, wie die Bezeichnung vermuten läßt, natürlich belassen, sondern in hohem Maße stilisiert ist – nur sollte man dies nun, im Gegensatz zu den auf Prunkentfaltung abzielenden Parks, nicht mehr bemer-ken. Der »romantische« Landschaftsgarten, mit seiner Illusion der von Menschenhand unangetasteten, die See-le erquickenden schönen Natur wurde zum Ideal des Friedhofes, in dem der reale Tod hinter einem reichen Arrangement verschiedenartiger Pflanzen versteckt wer-den konnte und der zugleich, durch die Schaffung dicht-bepflanzter, düsterer Winkel, der Todessehnsucht und dem Weltschmerz der Romantik entgegenkam. Der Zweck eines Friedhofes – Grabstätte der Toten zu sein – mußte naturgemäß beibehalten werden, seine Gestal-tung zielte nun jedoch »auf die Erweckung einer gewissen Art von Gemüthsbewegung« bei den Lebenden.

Die Anweisungen des Napoleonischen Bestattungsge-setzes hinsichtlich der Bepflanzung sind viel nüchterner formuliert: »Dort [auf dem Friedhof] sind Bepflanzungen vorzunehmen, wobei Vorkehrungen getroffen werden sollen, dadurch die Luftzirkulation nicht zu behindern.« Und auch Viktor Adolf Riecke forderte 1840 in einer Abhandlung mit dem gewichtigen Titel *Über den Einfluß der Verwesungsdünste auf die menschliche Gesundheit und über die Begräbnisplätze in medicinisch-polizeilicher Beziehung*: »Bei Pflanzungen auf den Kirchhöfen ist die Vorsicht zu beobachten, daß der Luftzug durch dieselben nicht gehindert wird«.

Andererseits war auch folgendes zu bedenken: »Bäume behindern den Weg der Dünste nach der Stadt zu, und saugen auch die mephitischen Ausdünstungen ein, die aus den Gräbern heraus dringen, und ströhmen dagegen wieder reine dephlogistonierte Luft aus, die zur Erhaltung der thierischen Welt so notwendig ist, und deren Beymischung jede andere verderbte, der Gesundheit schädliche Luft wieder verbessert.« Im Klartext: Bäume waren empfehlenswert. Solche kühlen medizinischen und hygienischen Erwägungen liefen der Sehnsucht nach einer romantischen, dichtbewachsenen Begräbnisfläche zuwider. Sie müssen dem gärtnerischen Gestalter des Friedhofes, dem damaligen Stadtgärtner Sebastian Rinz, einiges Kopfzerbrechen bereitet haben.

Er löste die Aufgabe recht geschickt. Der Plan des ältesten Teiles zeigt, daß sich Hauptportal und Gruftenbau noch in der barocken Achse gegenüberstehen. Innovativ im Sinne der »englischen Gartenanlage« jedoch ist die geschwungene Wegführung entlang der beiden Außenmauern, Rinz soll auch einige bereits vorhandene Bäume in seine Planung einbezogen haben. In der Mitte des von diesen Wegen umfaßten großen Begräbnisfeldes plante

Rinz einen kleinen Teich, mußte sein Vorhaben jedoch aufgrund ungeeigneter Bodenverhältnisse aufgeben. Ein Brunnen zum Gießen der Blumen blieb lange die einzige Wasserquelle, Wasserleitungen wurden erst Jahrzehnte später gelegt.

Das »gemeine Feld« im Mittelteil, das 80 Prozent des Geländes ausmachte, blieb – wegen der mephitischen Ausdünstungen – unbepflanzt. Innerhalb dieser Begräbnisfläche gab es zunächst keine Wege, es sind bis in die sechziger Jahre des 19. Jahrhunderts auf dem Plan, der auf jeder Erwerbsurkunde für Familiengrabstätten abgedruckt war, keine ausgewiesen. Danach wurde zunächst der sogenannte Leichweg angelegt, der von der Mitte des Hauptportals im Westen geradewegs zur Mitte des Gruftenbaus im Osten führt, sowie der Weg, der jenen auf der Hälfte durchschneidet. Die so entstandenen vier Felder wurde als Gewanne A, B, C und D bezeichnet (Gewann ist eine süddeutsche Flurbezeichnung), die ursprünglichen Gewannsteine sind erhalten. Erst später entstanden die Wege *innerhalb* dieser Gewanne.

Nicht jede Baumart schien den Landschaftsplanern für Friedhöfe angemessen. Gepflanzt wurden – natürlich – Trauerweiden, dann Zypressen und Pappeln als Sinnbilder des Aufstrebens zum Unendlichen und zu Gott, sowie dunkle Nadelbäume, da sie eine melancholische Stimmung verbreiteten – Hirschfeld pries die »freudenlose Unbeweglichkeit« der Eibe, die auch deswegen geeignet schien, weil ihre Samen und Nadeln giftig sind. Die Hängebirke galt als Auferstehungssymbol, »da sie mit ihrem weißen Stamm und der auch im Sommer noch durchsichtig wirkenden Belaubung an den Frühling, an die Entste-

Einer der ursprünglichen Gewannsteine

hung neuen Lebens aus der toten Natur des Winters erinnert«. Rinz pflanzte am Rundweg Kastanien, »um
deren Stämme sich wilde Rosen schlingen« – eine, wie
Althammer bemerkt, erstaunliche Entscheidung, denn
»erfahrungsgemäß dulden Kastanien unter sich keine
anderen Gewächse«. Wir können darüber spekulieren,
ob Rinz an Winckelmanns Äußerung über die wesentliche Rolle der Rosensträucher in den antiken Totengärten
dachte.

Rinz' Anlage gefiel seinen Zeitgenossen: 1831 berichtete die Zeitung *Didaskalia*, der Friedhof gleiche einem
»lichten, freundlichen Garten, in dem man gern umher-
wandelt. Er ist deswegen in der schöneren Jahreszeit fast
zu keiner Tagesstunde von Spaziergängern leer«, ja es
zog sogar »eine Menge einheimische und fremde Besucher an einen Ort, der sonst nur die Zufluchtstätte tief-

trauernder Verwandschaftsmitglieder der daselbst Begrabenen wäre«.

Selbst der gestrenge Riecke äußerte sich lobend: »Höchst selten sind solche [Begräbnisplätze], die mit der in gesundheitspolizeilicher Beziehung zweckmäßiger Einrichtung auch in ästhetischer Beziehung einigermaßen befriedigen. Begräbnisplätze wie die von Frankfurt und München, stehen in dieser Rücksicht sehr isoliert da.«

Schließlich trug aber das romantische Bedürfnis nach »der heiligen Melancholie des Ortes« den Sieg über jedwede Forderung nach »Luftzirkulation« davon. Bereits um die Jahrhundertmitte war der Pflanzenwuchs so üppig geworden, daß einem Bericht aus dem Jahre 1857 zufolge im Vorjahr die »wunderbare Wildniß« gelichtet werden mußte. Zeugnis dieser Bepflanzung ist bis heute der, nicht auf die Alleen beschränkte, alte, dichte Baumbestand des Friedhofes.

Legitimations-Urkunde

über

ein Familienbegräbniß

auf dem

vor Frankfurt-M. gelegenen Friedhof.

Die zu Folge hochverehrlichen **Senats-Beschlusses** vom 20sten Jenner 1825 ernannte **Kirch- und Friedhofs-Commission** überläßt dem

Herrn Johann Theodor Mülhens, Bangdir,

ein Familienbegräbniß Nr. ▆▆▆▆ auf dem allgemeinen Friedhof vor Frankfurt am Main von ▆▆▆▆▆▆ Schuh Breite und ▆▆▆▆▆ Schuh Länge, unter folgenden Bedingungen:

1) Dem Eigenthümer eines Familien-Begräbnisses wird die Befugniß ertheilt, sich, seine Angehörigen und Freunde auf demselben beerdigen zu lassen, so lange dieser Friedhof zum allgemeinen Begräbnißplatze bestimmt seyn wird.

2) Nur gegen Bescheinigung des in den Registern eingetragenen Eigenthümers wird die Erlaubniß zur Beerdigung auf einem Familien-Begräbniß ertheilt.

3) Nach dem Tode des Eigenthümers geht das Recht des Familien-Begräbnisses auf denjenigen über, dem er es testamentarisch vermacht hat, oder auf seine sämmtlichen Testaments- oder Intestat-Erben, die sich jedoch innerhalb drei Monaten nach dem erfolgten Tode des Erblaßers darüber zu verständigen und bei derjenigen Behörde, von welcher die Register über die Familien-Begräbniße geführt werden, die gehörige Anzeige zu machen haben, wer von ihnen Miteigenthümer des Familien-Begräbnisses zu bleiben gesonnen ist, und wer für die Zukunft die Erlaubniß der Beerdigung auf demselben zu ertheilen hat. Auf diese Anzeige wird dann von der Behörde das Familien-Begräbniß gegen die zu entrichtende Gebühr umgeschrieben. Zahlreiche Familien haben eine, oder (wegen Verhinderung) zwei Personen unter sich zu ernennen, welche die Erlaubniß-Scheine ausstellen, in allen Fällen mit der gedachten Behörde verhandeln.

4) Es können auf einem Familien-Begräbniß oder über einer Gruft Monumente errichtet werden, jedoch nur, nachdem die Zeichnung nebst Grundriß doppelt bei derjenigen Behörde, welcher die Verwaltung der Kirchhöfe übertragen ist, eingereicht und von dieser die Genehmigung ertheilt worden ist.

5) Der Eigenthümer eines Familien-Begräbnisses muß die Umfassungs-Mauer auf die Länge seines Begräbnißplatzes, und die auf solchen bestehenden Monumente, in gehörigem Stand erhalten.

6) Bei Veräußerung eines Familien-Begräbnisses muß davon die gehörige Anzeige bei der Behörde, welcher die Verwaltung der Friedhöfe übertragen ist, gemacht werden, damit von solcher die Umschreibung gegen die Gebühr geschehen könne.

7) Das Recht auf ein Familien-Begräbniß dauert so lange, als der Eigenthümer daher seinen bleibenden Wohnsitz hat, oder in hiesigem Bürgerverbande steht, und 30 Jahre länger.

Die Einräumung dieser Grabstätte ist auf den Grund des auf dem ▆▆▆▆ St. Peters-Kirchhof jenem gehabten Platzes geschehen, und sind die betreffenden Kosten der Umfassungs-Mauer mit fl. ▆▆▆▆▆ entrichtet worden.

Frankfurt a. M. den 10. November 1827.

Kirch- und Friedhofs-Commission,

in deren Namen

Johann Adam Beil v. Roths

Präsident der Function

Dr. A. Cornill

Sekretär

Die Kaufurkunde des Grabes Mülhens

Die Kommunalisierung der Friedhöfe

Mit Inkrafttreten der neuen Friedhofsordnung wurde
das gesamte Begräbniswesen kommunalisiert, daher ist
die Unterscheidung, die ich zwischen jüdischem und
christlichem Friedhof machte, nicht ganz korrekt. Denn
wenn auch der nicht-jüdische Friedhof als »christlicher«
Friedhof bezeichnet wurde, so war und ist er doch, ohne
Ansehen der Religionszugehörigkeit, eine Begräbnisstel-
le für *alle* nicht-jüdischen Frankfurter. Auf einem kommunalen Friedhof besteht, anders als bei konfessionellen
Friedhöfen, auf denen die Kirche ihr nicht genehme Tote
wie Selbstmörder oder Andersgläubige, die Beisetzung
verwehren kann, die Regel: »Jede Leiche, ohne Unterschied, muß gesenkt werden.«

Die Neue Begräbnisordnung

Ein überaus wichtiges Ziel der Kommunalisierung war
die Einschränkung der als unmäßig empfundenen Prunkentfaltung bei Beerdigungen. »Das Blasen von den Thürmen, das Begleiten der Mägde mit Servietten, das Fahren
des Kreutzträgers, die Begleitung mit den alten Trauer-
kutschen, so wie der Gebrauch der bisherigen sogenannten Himmelwagen, und die Begleitung derselben durch
junge Handwerksmeister, welchen diesen meistens zu
großer Belästigung gereichte, ist abgestellt.« Dr. Hoffmann beschreibt sehr anschaulich, daß es damit nicht
getan war:

»Die Friedhofskommission schuf eine neue Begräbnisordnung, schaffte die alten sehr kostspieligen Beerdi-

gungsfeierlichkeiten ab, und führte dafür eine neue sehr zweckmäßige ein. Künftig hat das Sterbehaus nicht mehr für eine oft sehr kostspielige Leichenbegleitung, nicht mehr für lange und kurze Flöhre, nicht mehr für ausgesuchte Zitronen, und für mit weißen Scheiden und angelaufenen Gefäßen versehene Degen; nicht mehr für ein gutes Frühstück vor- und ein prunkendes Mahl nach der Beerdigung noch zur Dreingabe, damit doch die Frauen und Kinder der Träger auch etwas zu genießen haben, für stattliche Leichenbretzeln zu sorgen; während öfters die Zurückgebliebenen der Verstorbenen in der stillen Kammer, die an das Prunkgemach anstieß, in welchem es nicht selten toller als in einem Wirthszimmer zuging, in Thränen über den Verlust des Verstorbenen, der ihnen Gatte, Vater und Versorger war, zerflossen, und die beengte Brust den Schmerz kaum ertragen konnte, den ein Blick in die entfernte Zukunft ihr verursachte. Jetzt sind für alle Gestorbenen, ohne Unterschied des Standes, eigene Leichenbegleiter ernannt, die mit Anstand und Würde die Hingeschiedenen zur letzten Ruhestätte begleiten, und den Verwandten und Freunden derselben ist es unbenommen, sich theilnehmend der Leichenbegleitung anzuschließen, und so noch bis zum Grabe ihren hingeschiedenen Geliebten ihre Theilnahme, Achtung und Liebe beweisen zu können.«

Die Formulierung »ohne Unterschied des Standes« sollten Sie nun allerdings nicht dahingehend mißverstehen, daß einem Bankier oder dessen Köchin unterschiedslos das gleiche Begräbnis zuteil wurde. Die Friedhofsordnung von 1828 legte vier Beerdigungsklassen fest, gestaffelt nach Erwachsenen und Kindern, und bei diesen

Oben: Detail der Entwurfszeichnung aus der Gräber-
akte Mülhens, unten: Der Hund zu Füßen der liegenden
Figur (D 524)

wiederum drei Altersstufen pro Klasse. So kostete das Begräbnis erster Klasse 50 Gulden, das der vierten 15 Gulden, was »bei weitem minder kostspielig als die frühere ist und allgemein Beifall findet«.

Erst die Friedhofsordnung von 1907 schaffte diese Klassen – die inzwischen um eine weitere auf fünf erhöht worden waren – in dem Wunsche nach einem »einheitlichen Begräbnis als für alle Stände und Berufe gleich« ab. Die Kosten sollten sich künftig nach dem Einkommen richten. Leider habe ich nicht in Erfahrung bringen können, mit welchen Mitteln man die Bürger zur Offenlegung ihrer finanziellen Verhältnisse zu bewegen gedachte, steht doch zu vermuten, daß nicht alle Einwohner Frankfurts darüber gleichermaßen auskunftsfreudig waren.

Regelung für den Kauf von Gräbern

Die Klassenunterschiede beschränkten sich 1828 nicht auf die Beerdigungsklassen, sondern betrafen auch die Ruhefrist und die Größe der Gräber.

Wie bereits erwähnt, war der überwiegende Teil des Areals den Gräbern des sogenannten »gemeinen Felds« vorbehalten, die, wie schon auf dem Peterskirchhof, nach Reihenfolge des Ablebens belegt wurden (das bedeutete, daß Familienmitglieder auch auf dem Neuen Friedhof nicht in einem gemeinsamen Grab beigesetzt werden konnten). Neu jedoch war, daß die ab 1828 gültige Friedhofsordnung festlegte, daß die Gräber des »gemeinen Feldes« nach einer Ruhezeit von zwanzig Jahren zu räumen seien.

Wir empfinden eine solche Regelung als schmerzlich. Damals jedoch bedeutete sie weniger die Festlegung einer zeitlichen Ober-, als einer von den Bodenverhältnissen bestimmten Untergrenze. Kein Grab durfte *früher* geöffnet werden – Folge der höchst unerquicklichen Zustände auf den alten Kirchhöfen und den daraus resultierenden seuchenhygienischen Erwägungen. In München betrug die Frist lediglich sieben Jahre, das Napoleonische Gesetz bestimmte, neben einer Ruhezeit von fünf Jahren, daß das Areal neu anzulegender Friedhöfe fünfmal größer sein müsse als der pro Jahr zu erwartende Bedarf an Grabstätten; aufgelassene, d. h. geschlossene, Friedhöfe seien fünf Jahre lang unverändert zu belassen, bevor das Land anderweitig genutzt werden dürfe. Bei etwa 45 000 Einwohnern und knapp 1000 Todesfällen pro Jahr schien der Neue Friedhof von Frankfurt am Main, mit 7,5 ha mehr als dreimal so groß wie der Peterskirchhof, großzügig bemessen, wobei der rapide Bevölkerungszuwachs nicht vorausgesehen wurde oder werden konnte, der schon bald die erste Erweiterung erforderlich machte. Und dies, obwohl die Reihengräber nicht nur zeitlich, sondern auch räumlich begrenzt waren: jeweils einen Schuh vom nächsten entfernt, waren sie »6 Schuh tief, 3 1/2 Schuh breit und 7 Schuh lang für Erwachsene«, für Kinder entsprechend kleiner.

Derartige Beschränkungen gab es für Familiengräber nicht. Sie konnten – zumindest theoretisch – in beliebiger Größe erworben werden, an der Mauer wurde beispielsweise nach laufendem Meter berechnet. Und da das Nutzungsrecht sich auf Friedhofsdauer erstreckte, mußte weit in die Zukunft geplant werden, so daß mancher eine

Grabstätte erwarb, die mehr als die üblichen vier bis fünf Plätze umfaßte. Grund dafür mag nicht nur eine große Familie, sondern auch § 9 der Begräbnis-Ordnung gewesen sein, der die Ruhezeit von zwanzig Jahren festlegt. Dort heißt es: »Es muß daher, wenn ein Familienbegräbnis ganz belegt ist, und die älteste Grabstätte darauf nicht volle 20 Jahre geruhet hat, auf den Fall, daß aus der dazu berechtigten Familie ein weiterer Todesfall sich ereignet, die betreffende Leiche, wenn sie nicht in eine andere Familiengrabstätte untergebracht wird, auf den allgemeinen Begräbnisplatz nach der eingeführten Ordnung und Reihe beerdigt werden.« Und welchen Sinn hatte ein Familiengrab, wenn nicht sichergestellt war, daß alle Familienangehörigen dort auch wirklich Platz finden würden?

Vielleicht waren dies die Gedanken, die einen anonymen Frankfurter veranlaßten, im *Intelligenz-Blatt* vom 20. Juni 1828, also knapp zwei Wochen vor Eröffnung des Friedhofs, folgende Anzeige aufzugeben:

Verkauf eines Familienbegräbnisses
Auf dem neuen Friedhof ist ein Familien-Begräbnis
von zehn und einem halben Schuh Breite
und vierzehn Schuh Länge zu verkaufen.

Die Voraussetzungen für den Erwerb, das macht diese Anzeige deutlich, waren nun gänzlich andere. Hing die Vergabe der besonders begehrten Epitaphienplätze auf dem Peterskirchhof ausschließlich von Herkunft, Stand, Ansehen und den Verdiensten einer Familie ab – Kriterien, die natürlich von deren Vermögensverhältnissen nicht ganz zu trennen waren – so entschied ab 1828 nur noch die Entrichtung eines genau festgelegten Kaufpreises über den Erwerb eines Familiengrabes. Schweizer präzisiert: »Der Mittelstand des 19. Jh. übernimmt hier wie auf so vielen Gebieten eine Sitte der früheren höheren Stände [...] In keiner Friedhofsordnung wird von den Bewerbern um ein solches Grab die Erfüllung einer anderen Voraussetzung verlangt als die Zahlung eines bestimmten Geldbetrages.«

Bei Friedhofseröffnung gab es neben Plätzen für freistehende Epitaphien 343 Mauergräber, von denen 1834 154 verkauft waren, davon drei an Metzgermeister und zwei an »Weinwirthe«, deren Chancen auf ein Familiengrab vor dieser neuen Regelung wohl eher gering gewesen wären. Sie gehörten zu dem sich etablierenden Bürgertum, das ein Kaufgrab mit repräsentativem Gedenkstein wollte, der die Bedeutung der Familie über den Tod hinaus dokumentieren würde, denn auf diesen Gräbern waren natürlich Steinmonumente erlaubt. Sie mußten als Skizze eingereicht, genehmigt und sicher im Boden verankert werden.

Ausgestaltung von Kaufgräbern und Grüften

Im Laufe des 19. Jahrhunderts wurde es zunehmend üblich, die mit Sorgfalt ausgestalteten Landparzellen, den damals entstehenden Schrebergärten nicht unähnlich, als Privateigentum kenntlich zu machen, indem sie durch gußeiserne Gitter, Zäune und Ketten vom Nebengrab und den Wegen separiert wurden. Diese Sitte wurde von den Anhängern des »schönen Totengartens«, die um das

hbau-Amt
NKFURT A. M.

2313.

ort wird um Angabe
der Nummer ersucht.

Anlage --

Bl.

Fr.

No. _1000_.

Frankfurt a. M., den 4. September 1907.

Unter Rückleitung des Schreibens des Herrn Professor V a r n e s i vom 4. August 1907, die Gruft Beth - mann betr., teilen wir Jhnen mit, dass die gewünschte Trockenlegung der Gruft ziemlich umfangreiche Arbeiten erforderlich macht. Der Luftgraben muss an drei Seiten, auch nach dem israelitischen Friedhof hin herumgeführt werden, wenn man den Zweck vollständig erreichen will. Die in vorgenanntem Schreiben erwähnten Bäume kämen bei Einbau des Luftschachts von selbst in Fortfall.

Die Kosten der baulichen Herstellungen würden überschläglich berechnet etwa 1600 M erfordern, für deren Deckung dem Hochbau - Amt keine Mittel zur Verfügung stehen, zumal die Massnahmen für die bauliche Erhaltung nicht unbedingt erforderlich sind.

J.A.

An

riedhofskommission

H i e r .

Das Grundwasser in den Gruften war seit Eröffnung des Friedhofs ein Problem.

einheitliche, ästhetische Gesicht des Friedhofs besorgt waren, aufs schärfste verurteilt. Nur wenige Umzäunungen sind vollständig erhalten. Ein Beispiel ist die Grabstätte Mainzer (a. d. Mauer 423 a), die allerdings in einem schlechten Zustand ist. Auf vielen Gräbern stehen die Pfosten noch, während Ketten und Gitter fehlen.

In den Grüften wurden die Gitter nicht nur vor den Wandplatten angebracht – ein kleines Gitter dieser Art ist in der Gruft der Familie von Marx erhalten – sondern vereinzelt zwischen den Rundbögen errichtet. Die Eigentümer ließen auch andere Veränderungen vornehmen, so wurde häufig die Bodenplatte mit Bronze oder Marmor verkleidet. Ein anschauliches Beispiel ist ein vom Bildhauer Varnesi 1905 verfaßter Brief an die »verehrliche Friedhofs-Commission zu Frankfurt a/M.«, mit dem er um Genehmigung für Veränderungen an der Gruft 7 bittet, die der Familie von Bethmann gehört:

»Die Ausbildung der Rückwand einschliesslich des Sarkophag's ist aus feinem Muschelkalk mit bronzenem Kreuz auf rotem Marmorgrund gedacht, die Decke des Gewölbes incrustiert mit Glasmosaik, goldornamentiert auf dunkelblauem Grund, während der Fussboden mit grauen Marmorplatten belegt und die gegebene Graböffnung in der Mitte mit einer verzierten Bronzeplatte bedeckt ist [...].

Durch die verschiedenartige Gestaltung der seitlich angrenzenden Grabstätten, und durch die ziemlich primitive Ausbildung der Decken und Wände, die aus ungleichmässigem Verputz bestehen, ist eine einheitliche Wirkung der zu schaffenden Raumausbildung unmöglich.

Für das Grab Posthoff (G 1214) aus dem Jahr 1908 wurde die gleiche Figur benutzt wie für das...

Frankfurter
Friedhof

Friedrich Hemsath
gest. 6. Februar 1905

Frau Hemsath Wwe.

Zeichnung des
von mir bestellten
Denkmals.

Eugen Barthel

... Grab Hemsath (G 1074 – 1075) drei Jahre zuvor.

Das einzige Mittel [...] ist ein leichtes Gitter aus vergoldetem Schmiedeeisen oder schmiedbarer Bronze, dessen Gestaltung jedoch einen bequemen Durchgang auf beide Seiten frei lässt.«

Die Commission beschied, daß dagegen »nicht nur keine Bedenken bestehen, sondern die geplante Art der Ausführung nur empfohlen werden kann«. Gitter und Mosaik sind – vermutlich in Folge der Kriegszerstörungen – verschwunden, doch diese Gruft hat, übrigens als einzige, ein neues, wenn auch schlichteres Deckenmosaik bekommen.

Generell jedoch waren, wie Dr. Ohlenschlager berichtet, die siebenundfünfzig Grüfte, »welche die sterblichen Hüllen unserer reichen und wohlhabenden Mitbürger aufnehmen«, nicht sehr beliebt. Im Jahre 1881 standen »noch viele leer, Familiengrüfte werden sogar oft nicht mehr von ihren Eigenthümern benutzt, sie lassen sich lieber in dem schönen Garten begraben, als daß sie in den Steingrüften langsam vermodern und Verwesungsgerüche verbreiten, die, namentlich während der Beisetzung neuer Leichen, von der Leichenbegleitung oft auf das Unangenehmste empfunden werden«.

Man hatte offenbar dem Aspekt der »nachtheiligen Nässe des Bodens« keine ausreichende Beachtung geschenkt, denn der Grundwasserspiegel lag zu hoch. Dadurch waren die Grüfte feucht, und dies wiederum führte dazu, daß sich die Metallsärge sehr rasch zersetzten und die Gebeine sichtbar auf dem Boden lagen.

Hoffmann, Willemer, Varrentrapp, Ohlenschlager, Rumpf, Rinz, Hessemer: Vermutlich wurden sie alle, die Gegner und die Befürworter der Verlegung ebenso wie die Gestalter des Neuen Friedhofs, schließlich in dem »schönen Garten« beigesetzt. Daß Dr. Ohlenschlager beispielsweise im Gewann F seine letzte Ruhe fand, kann man im Archiv des Grünflächenamtes (früher: Friedhofs- und Bestattungsamt) herausfinden: Seit Bestehen des Hauptfriedhofes, also seit 1828, wird über jedes Grab eine Akte geführt, aus der hervorgeht, wann es das erste Mal belegt, wer dort beerdigt und welche Veränderung am Grab vorgenommen wurde. Zusammen mit den ebenfalls seit 1828 geführten und lückenlos erhaltenen Sterbebüchern ist es möglich, das Grab eines jeden auf diesem Friedhof Bestatteten aufzuspüren. In der Praxis ist es allerdings komplizierter, als es sich zunächst anhört, da mehr als hundert Jahre lang keine Namenskartei geführt wurde.

Die Bedeutung der Akten als Quelle friedhofs- und kunstgeschichtlichen Wissens liegt vor allem darin, daß sie die vielfältigen Ereignisse der letzten achtzehn Jahrzehnte weitestgehend unversehrt überstanden haben. Die Skizzen von Grabsteinen und Umrandungen sowie der Schriftverkehr sind zwar nicht vollständig, aber doch in großen Teilen erhalten. Art und Umfang des in den viele tausend Akten verborgenen Materials werden in Dr. Erches Publikation »Der Frankfurter Hauptfriedhof« deutlich, für die sie alle Akten des alten Teils systematisch ausgewertet hat.

Der Frankfurter Hauptfriedhof ist mehr als die Summe seiner kunstgeschichtlich bemerkenswerten Denkmäler. Natürlich ist er ein Spiegel der Geschichte dieser Stadt, aber wie alle Friedhöfe, spiegelt auch er die Geschichte unseres Denkens.

Wer etwa fragt, was die Schlange auf den Grabsteinen bedeuten mag, wird möglicherweise sehr bald zu anderen, grundsätzlichen historischen Fragestellungen gelangen und verstehen, was Philippe Ariès meint, wenn er sagt: »Meine ursprüngliche Absicht war bescheiden und beschränkt, [aber] der Bereich meiner Untersuchung erweiterte sich, wenn ich seine Grenzen zu erreichen glaubte, und ich sah mich jedes Mal weiter über meinen Ausgangspunkt – diesseits und jenseits – hinausgetrieben.«

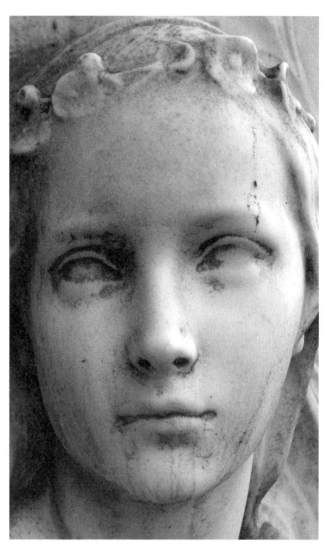

Grab Heinz. Ein Entwurf von F. Hausmann aus dem Jahr 1902 (F 2032)

SPAZIERGANG

Nun möchte ich Sie zu einem kleinen Spaziergang über den Alten Teil des Hauptfriedhofs einladen. Ich habe die Gräber, die ich Ihnen zeigen möchte, weder danach ausgewählt, ob der dort Bestattete berühmt ist, noch geht es mir um den kunsthistorischen Wert eines Grabmals – das wären zwei andere Spaziergänge. Sollte Ihr besonderes Interesse den hier bestatteten Persönlichkeiten gelten, können Sie im Anhang einiges dem Führer von Günter Moos entnehmen. Einen handlichen Begleiter für den kunsthistorisch interessierten Friedhofsbesucher gibt es bislang nicht. Den kann (und muß) man sich anhand des detaillierten Gräberverzeichnisses von Bettina Erche selbst zusammenstellen. Ein hilfreicher Anfang ist aber Althammers Aufsatz »Nekropole im Wandel der Zeit. Die Grabmale des Frankfurter Hauptfriedhofes«. Er orientiert sich an den Bildhauern und ist 1978 im Archiv für Frankfurter Geschichte und Kunst, Heft 56 erschienen.

Ich möchte Ihnen Grabdenkmäler zeigen, die mir beachtenswert erscheinen. Das ist eine äußerst subjektive, aber keine beliebige Auswahl, denn ich möchte Ihnen Gräber zeigen, die für den Friedhof des 19. Jahrhunderts typisch sind. Der Goethe-Satz *Man sieht nur, was man weiß* mag allzu kategorisch sein, aber selbstverständlich macht ein zuvor erworbenes Wissen das Auge empfänglicher. Sie werden bei dem Spaziergang vermutlich mehr sehen und darum auch mehr Freude haben, wenn Sie sich vorher die Zeit genommen haben, die Seiten über die Grabkunst zu lesen.

Grab Rau. Ein außergewöhnlich aufwendig gestaltetes Industriellengrab (D 288)

Unser Spaziergang beginnt am Alten Portal. Gehen Sie geradeaus an der mächtigen Hänge- oder Trauerbuche vorbei (sie ist ein Naturdenkmal) und dann sofort den ersten Weg rechts ins Gewann D, vorbei an einer der Grabstätten der Familie *de Neufville* bis zum Grab *Rau*. Auf dem Relief links die Witwe, die von dem Sohn an einen Sarg herangeführt wird, der plastisch aus dem Sokkel des Reliefs herausgearbeitet ist. Hinter Sohn und Ehefrau eine ältere Frau, vielleicht die Mutter oder Schwester des Verstorbenen. Die Angehörigen tragen nicht näher bestimmbare, mit Sicherheit jedoch unzeitgemäße Gewänder, wie es bei den Grabmälern dieser Zeit üblich war. Wirklich ungewöhnlich wird das Grabmal durch das eigentliche Thema des Reliefs: Raus Arbeitswelt. Bei dem Gebäude mit hohen Schornsteinen in der Mitte dürf-

Grab Gutzkow (D 272a)

Grab Reimherr. Die Büste fehlt bereits seit den achtziger Jahren. (C 159–160)

te es sich um Raus Fabrik handeln, die in Warschau stand. Der trauernden Familie gegenüber eine weitere, völlig realistisch gestaltete Dreiergruppe: Arbeiter, eindeutig als solche an ihren fast oder gänzlich nackten Oberkörpern und an den Schürzen, die sie tragen, zu erkennen. Im Gegensatz zur Familie, die sich auf den Sarg zubewegt, bleiben sie in einiger Distanz und wirken, wenn auch betroffen, so doch ein wenig verlegen. Darstellungen dieser Art gehen deutlich auf Werke des belgischen Bildhauers Meunier zurück, der als erster Arbeiter und Bergleute in der Kunst darstellte. Am Sarg, vor dem Relief, eine Bronzefigur. Wenn Sie hinter diese Figur treten, sehen sie ein liebevolles Detail ihrer Gestaltung: Die Haare, zum Knoten hochgesteckt, werden auf beiden Seiten mit Kämmen gehalten.

Folgen Sie weiter dem Rundweg, bis Sie drei Urnen mit Trauerflor sehen. Bevor Sie dorthin kommen, sehen Sie rechterhand einen typischen Cippus aus rotem Sandstein (Grab *Köhner-Cronberger*), eine auf dem Friedhof häufige Grabform. Biegen Sie dann *vor* den drei Urnen links zum Mittelfeld ab, diese kleine »Lichtung« im Gewann D nennen die Friedhofsangestellten »Sandsteinplatz«, weil hier zahlreiche Grabmäler aus diesem Material zusammengetragen wurden. Mitten drin steht das aus dem Jahre 1838 stammende Grab des Bankiers Heinrich *von Mülhens*, eine gotisch gestaltete Tuba, auf der ausgestreckt ein Mann liegt, dessen Füße auf einem kleinen Hund ruhen. Dieses Grabmal wurde, als der ursprüngliche Platz an der Mauer geräumt werden mußte, hierher gebracht, um es dem Friedhof zu erhalten. Wenn Sie an der Schmalseite der Tuba vor dem Hündchen stehen,

Gruft von Erlanger vor ihrer Zerstörung (Gruft 28)

Der abgeschlagene Kopf der Frauenfigur aus der Gruft von Erlanger liegt heute im Keller des Alten Portals.

machen Sie bitte eine Drehung um etwa 150 Grad nach links – Sie sehen am Rand des Platzes eine hohe Stele mit Dreiecksgiebel. Bei diesem schönen neogotischen Grab handelt es sich um das Grab von Johann David *Behaghel*, im Giebel ist eine aufgehende Sonne, im Postament zwei sich reichende Hände. Wenn Sie sich umgesehen haben, gehen Sie bitte zurück zum Rundweg, von dem aus Sie auf den Platz abgebogen sind und gehen bis zu einem Platz, der nach dem rechterhand stehenden großen Grab des Komponisten Joachim Raff Raffplatz genannt wird. Links, dem Grab *Raff* gegenüber, steht der Grabstein Karl *Gutzkow* mit einem Medaillon, vor Ihnen die große Anlage *Guaita*. Die Säulen des 1852 von Schmidt von der Launitz entworfenen Tempels sind mit Symbolen des Lebens und des Todes, u. a. mit Thanatosdarstellungen, reich verziert. Bemerkenswert ist auch die vollständig erhaltene Umzäunung aus dem Jahre 1890. Folgen Sie dem Rundweg in Richtung Grüfte. Rechts steht eine Säule aus rotem Sandstein, auf der deutlich etwas fehlt: Dies ist der traurige Rest des Grabmals für Wilhelm *Reimer*, »Major & Chef des 1sten Bataillons/Freiwilliger Stadtwehr-Infantrist/Ritter der französischen Ehrenlegion u. s. w.« Die Bronzebüste wurde Anfang der 1980er Jahre gestohlen. Gegenüber auf der linken Seite kommt dann gleich das Grab *Kerstner*: Ein großes Kreuz aus gelbem Sandstein, das Baumstämme imitiert und auf einem (ebenfalls imitierten) Findling steht. Unmittelbar bevor Sie die Gruftenhalle erreichen, steht auf der linken Seite das Grab des Bekämpfers der Vivisektion *Staudinger*, auf dessen Stein ein kleiner Hund abgebildet ist.

In der Halle beginnen Sie auf der rechten Seite mit der prachtvollen Kapelle *Behrens-Manskopf*, auch diese von Hausmann. Gehen Sie die Halle weiter entlang zu einer stehenden Frauenfigur ohne Kopf, die die Gruft *Staedel* schmückte. Gegenüber der Gruft 36 steht ein sehr aufwendig gearbeiteter neobarocker Sarkophag auf einem hohen Postament, das ist ein Grab der Familie von Erlanger, der auch die Gruft 28 gehört. Dort steht eine besonders schöne Marmorgruppe von Hausmann, die 1988 von Vandalen zerschlagen wurde, Die abgeschlagenen Köpfe werden im Alten Portal aufbewahrt.

Auch die Engelfigur mit Tür der folgenden Gruft *Oppermann* ist beschädigt. Die Gruft der Familie *Mylius* weist eine Besonderheit auf: In die (vom Friedhof aus gesehen) rechten Arkade ist ein Relief eingelassen, es handelt sich um das Porträt des dort bestatteten Carl Jonas Mylius. Auf das gut erhaltene Relief der Familien-

Gruft Oppermann. Auch dieser Figur wurden die Arme abgeschlagen. (Gruft 26)

Gruft Mylius. Dieses Porträt des Carl Jonas Mylius ist in die Eingangsarkade eingelassen. (Gruft 24)

gruft *von Marx* folgt die Gruft *Gottschalk.* Gottschalk war Biergroßhändler und schrieb für die Gestaltung seiner Gruft einen Wettbewerb aus, den August Bischof gewann. Die weißen Marmorfiguren veranschaulichen, so Gottschalk in einem Brief an die Friedhofs-Commission, »einen Engel, der an der Pforte des Lebens den

Gruft Gottschalk (Gruft 16)

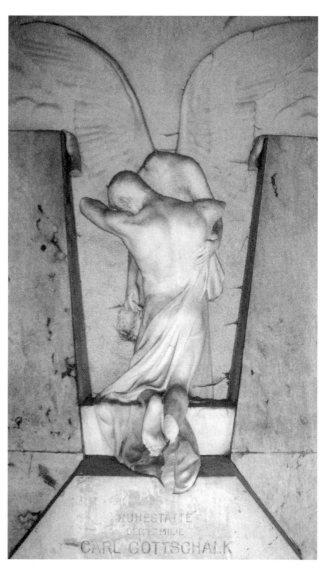

Die Marmorgruppe nach ihrer Zerstörung

Mensch in seine Arme nimmt und erlöst, um denselben dem ewigen Frieden zuzuführen«. Auch hier das weibliche Todesbild, denn bei dem Engel, der den Menschen in »seine« Arme nimmt, handelt es sich offensichtlich um eine Frau. Vandalen haben die Marmorgruppe stark beschädigt.

Wenn Sie sich in der Nische *Deussen* die ebenfalls stark beschädigte Frauengestalt sowie den Gruftdeckel mit dem Kopf des dornengekrönten Christus angesehen haben, machen Sie einen kleinen Abstecher ins Gewann B. Dazu nehmen Sie den Rundweg, der von dieser Gruft ins Gewann B hineinführt und gehen wenige Schritte zur links gelegenen Anlage *Mumm von Schwarzenstein* mit seinen vielfältigen Grabsteinformen. Das Mädchen im romanischen Stil und die beiden jungen Frauen, die geschwind davonzueilen scheinen, sind Entwürfe des Bildhauers Fritz Klimsch und stammen aus den ersten Jahren des 20. Jahrhunderts. Das Motiv des nackten Jünglings auf der rechten Seite (dem das linke Bein und der rechte Arm abgeschlagen wurden) geht auf zwei Jünglingsfiguren von Michelangelo im Gewölbe der Sixtinischen Kapelle zurück. Dieses Wissen verdanke ich den kenntnisreichen Texten von Bettina Erche, aus denen ich auch erfahren habe, daß das kleine Bronzemedaillon, das in dem Kreuz links davon eingelassen ist, eine *Caritas* zeigt – eine Personifizierung der Nächstenliebe oder der Mutterliebe. Dieses Medaillon im Grabkreuz der Emma Maria Luise Mumm von Schwarzenstein ist so hoch angebracht, daß man das Motiv nur vage erkennen kann: Es zeigt mehrere Kinder in verschiedenem Alter, die den offenen Armen einer Frauengestalt zustreben. Diese Anlage mit den

Grab Mumm von Schwarzenstein. Eine Darstellung des „Genius des Todes, der das Geheimnis des Grabes bewacht". Die Figur ist heute beschädigt. (B 53 – 55)

Grab Mumm von Schwarzenstein. Medaillon in einem Kreuz. Die Darstellung der Caritas weist auf die Wohltätigkeit der dort Beigesetzten hin. (B 53–55)

insgesamt sieben Grabsteinen war ursprünglich umzäunt, wodurch sie, wie ein altes Photo zeigt, weniger zerrissen wirkte als es heute der Fall ist.

Gehen Sie jetzt zurück zur Gruftenhalle, und wenden Sie in der Gruft Nummer 7 (*von Bethmann*) Ihren Blick nach oben, zum Deckenmosaik, das, wenn auch schön, mit dem ursprünglichen, im Krieg zerstörten von Varnesi nicht zu konkurrieren vermag. Diese Gruft war ursprünglich mit Gittern von den Nebengrüften abgetrennt.

Gruft Minjon (Gruft 4)

Der abgeschlagene Kopf der Figur

Der Figur in der Gruft *Minjon* wurde der Kopf abgeschlagen, er wird im Keller des Alten Portals aufbewahrt. In der anschließenden Eckgruft *Bethmann-von Hollweg* ist eine Kopie des berühmten Reliefs des Bildhauers Berthel Thorvaldsen zu sehen. Das Original wurde im Jahre 1977 ins Liebig-Haus gebracht. Links an der Wand sehen Sie ein großes Kruzifix. Das Kreuz ist aus Holz, die Christusfigur ist ein Gipsabguß der Marmorskulptur, die Johann Nepomuk Zwerger für das *Reichenbach'sche Mausoleum* angefertigt.

Verlassen Sie die Halle und gehen Sie durch den Mauerdurchbruch ins Gewann E, dann rechts den Weg an der Mauer entlang bis zur Thanatos-Figur auf dem Grab

*Gruft von Bethmann. Auch dieser Figur wurde Mitte
der achtziger Jahre der Kopf abgeschlagen. (Gruft 2)*

98

Grab Presber. Der Eigentümer hat das zerschlagene Kreuz wieder ergänzen lassen. (a.d. Mauer 534a)

Mainzer. Folgen Sie dann dem Weg, *der von diesem Grab weg ins Gewann hineinführt*, bis zum nächsten asphaltierten Querweg, biegen dort links ab, gehen ein ganzes Stück geradeaus, bis Sie an das rechterhand gelegene Grab Hermann *Presber* kommen, dessen Büste auf einer Säule steht. Am Säulenschaft erkennen Sie noch, daß dort ursprünglich ein Bronzekranz angebracht war, der, ebenso wie viele andere Verzierungen dieser Art, gestohlen wurde. Aber der Grabeigner ließ die beiden Kreuze vor der Büste, die abgeschlagen waren, wieder auf ihre Säulen montieren, am zweiten Kreuz wurde sogar ein zerbrochenes Stück ersetzt. Wenige Schritte weiter liegt das Grab der Arztes Dr. Jakob *Bockenheimer* mit einer Engelsgestalt – nach Auskunft eines Friedhofsführers aus dem Jahre 1905 eine »italienische Skulptur« – in einer Tür. Die Figur wurde vor über zwanzig Jahren einmal mutwillig umgeworfen, bei der Restaurierung konnte der zerschlagene rechte Arm nicht mehr ersetzt werden. An der unmittelbar folgenden Wegkreuzung steht wenige Schritte nach links eine Jugendstilstele mit der Büste des Komponisten Wilhelm *Hill*, wiederum ein »Hausmann-Grab«. Dann drehen Sie sich bitte um und gehen zurück, durch die Maueröffnung ins nahe gelegene Gewann G und geradeaus, bis Sie auf der rechten Seite auf dem Parallelweg eine grüne Galvanoplastik sehen: Eine fast lebensgroße Frau, die mit erhobenem Arm »Hier ruht in Frieden« auf den Grabstein schreibt. Ursprünglich standen zwei dieser seriellen Figuren direkt nebeneinander, die erste wurde 1905, die zweite 1910 aufgestellt. Die testamentarische Verfügung der dort Beerdigten sah vor, daß statt des etwas größeren Obelisks, der links von der verbliebenen Plastik steht, eine weitere Kopie dieser Figur aufgestellt werden sollte. Dies jedoch wurde trotz anhaltender Proteste des Nachlaßverwalters von der Friedhofskommission mit der Begründung abgelehnt, daß die Aufstellung dreier fabrik-mäßig hergestellter Grabdenkmäler auf drei nebeneinan-der liegenden Gräbern »das gerade Gegenteil eines der Würde des Ortes geziemenden ernsten und feierlichen Eindrucks« bewirke, und zwar, »weil die Denkmäler nicht einen Gegenstand von strenger, bekannter Form (Kreuz, Säule, Obelisk) darstellen«. Mit ihren »grünen Zwillin-gen« gehörten die Gräber der Familie *Herrmann* fast neunzig Jahre lang zu den auffallendsten des Frankfurter Hauptfriedhofs. Am Pfingstwochenende 1996 wurde die rechte, besser erhaltene Figur gestohlen (!).

Grab Bockenheimer (a.d. Mauer 539a–540a)

Die umgestürzte Figur des Bockenheimer Grabes

Auf einem (inzwischen aufgelösten) Steinlager des Friedhofs stand lange Zeit ein dritter Abguß dieser Figur. Sie stammte von einem abgeräumten Grab, doch wo das lag, konnte ich leider nicht mehr feststellen.

Nun drehen Sie sich bitte um, und gehen – die »Schreibstubb«, wie die Figuren (als noch beide da waren) auf gut Frankfurterisch bei den Friedhofsangestellten hießen, im Rücken – den von ihnen wegführenden, leicht geschwungenen Weg entlang, bis sie an eine Wegkreuzung kommen, an der Sie rechts die Rückseite eines recht hohen, ehemals weißen Grabsteins sehen, der am oberen Ende mit einem Kreuz und einem Kranz geschmückt ist. Dies ist das Grab von Emma *Klostermann*. Wenn Sie *vor* diesem Grab stehen, wenden Sie sich nach rechts, gehen *nicht* den ersten, geschwungenen, sondern einige Schritte weiter einen kleinen Weg nach rechts. Dort steht rechterhand das Grab des Schülers Karl *Hof*. Das Relief stammt von dem Bildhauer Elsässer, und der Vater, ein Bankbeamter, schrieb bei der Bitte um Genehmigung des Grabsteines, er stelle »die Pallas Athene dar, die einen Jüngling, der die Züge meines sel. Sohnes trägt, auf die Baukunst hinweist«. Geradeaus weiter, ist gleich links das Grab *Grumbach*. Zur Gestaltung dieses Grabes gibt es zwei Entwürfe aus dem Jahre 1906, wovon der erste, ganz antikisch gestaltet, aus unbekannten Gründen nicht ausgeführt wurde. Was wir heute sehen, sind die »Reste« des zweiten, in Anlehnung an die romantische Ruinenarchitektur ausgeführten Entwurfes, der sich deutlich auf die in Matthäus 28 beschriebene Szene des Engels am leeren Grab Christi bezieht. In einen großen Felsen sind zwei Säulen und ein nahezu geschlossener Vorhang

Grab Hermann (G 579–581)

Der »verlassene« Zwilling

eingearbeitet, seitlich davor steht eine majestätische, von
Hausmann ausgeführte weiße Frauengestalt. Sie wurde,
wie Sie sehen, von Vandalen beschädigt. Früher hob sie
den linken Arm, ein Verweis auf den Himmel, aber auch
eine Geste, die den Besucher vor dem Weitergehen zu
warnen schien. Diese Figur ist »meine« »Weiße Frau« –
Sie werden sich vielleicht erinnern, daß ich im Vorwort
über sie sprach. Rechts – und nicht mittig, wie der Entwurf
es noch ausweist – stand übrigens ein großes Kreuz.

Weiter geradeaus, kommen Sie direkt zum schräg unter
Bäumen gelegenen Grab *Heinz*, das ebenfalls von Hausmann stammt. Die Stele zeigt eine sehr junge Frau, im
Hintergrund einen Baum mit Vögeln, einer sitzt auf der
oberen Kante des Steines.

Vor dem Grab stehend, wenden sie sich nach links in
Richtung *Reichenbach'sche Mausoleum*. Das Innere des

Grab Karl Hof (F 1590)

Mausoleums ist nur bei Führungen zu besichtigen. Durch die Fenster der Tür können Sie das Marmorkruzifix von Johann Nepomuk Zwerger sehen, an den Seiten, von außen nicht zu erkennen, stehen in Nischen je ein Sarkophag aus weißem Marmor mit Liegefiguren der Gräfin von Reichenbach-Launitz und des Kurfürsten Wilhelm II. von Hessen-Kassel. Es sind Arbeiten des Bildhauers Eduard Schmidt von der Launitz.

Gehen Sie auf den Weg zurück, von dem Sie zum Mausoleum hinaufgingen, dann stehen Sie gleich vor dem Grab *Kessler*. Eines der Kreuze links vom Obelisk bezeichnet das Grab von Otto Busch, Bruder von Wilhelm Busch und Hauslehrer der Kesslers.

Gehen Sie dann *nicht* den geschwungenen Weg nach rechts, sondern gehen Sie geradeaus weiter bis zum asphaltierten Weg. Wenige Meter weiter steht rechts ein

Reichenbach'sches Mausoleum. Einer der beiden Sar-
kopharge im Inneren des Mausoleums (F 1)

stark verwitterter Sandstein-Pfeiler, auf dem noch vage
die Umrisse einer Frauengestalt zu erkennen sind. Dies ist
der Grabstein für den 1858 verstorbenen Johannes Andreas May, einem beliebten Sänger in Vereinen und auf
Gesellschaften, wie es in einem alten Friedhofsführer
heißt, einem »singenden Metzgermeister«, wie Bettina
Erche schreibt. Mitte der achtziger Jahre sagte mir ein
Steinmetz, langjähriger Kenner des Friedhofes, die Gestalt
sei in den sechziger Jahren noch völlig intakt gewesen, die
Zerstörung des Sandsteins durch die Schadstoffe in der
Luft habe sich rapide beschleunigt. Ähnliche Verwitte-
rungen werden Sie an vielen Sandsteinmalen erkennen.

Folgen Sie, wenn sie *vor* dieser Figur stehen, nach rechts
dem asphaltierten Weg bis zum Grab Dr. Carl *Hambur-*
ger mit dem Relief von Hausmann und biegen Sie dann

hinter diesem Grab in den nächsten grasbewachsenen Weg rechts ein. Ein ebensolcher Weg führt davon ab nach links zu einem auffälligen Sarkophag auf der rechten Seite. Es ist das Grab Elisabeth *Steinhausens,* der Frau des Malers Wilhelm Steinhausen. Der Entwurf aus dem Jahre 1923 stammt von dem Münchner Bildhauer Haag.

Kehren Sie zu dem Weg zurück, von dem Sie gerade zum Grab Steinhausen abbogen, und gehen Sie in der ursprünglichen Richtung weiter, bis sie an dessen Ende zu dem rechterhand gelegenen Grab *Helfmann* kommen, das, ebenso wie das Grab *Rau,* an dem wir schon waren, ein Industriellengrab ist. In der Stele ist ein leerer Rahmen, dort fehlt das Porträt des Direktors der AG für Hoch- und Tiefbau; das Marmormedaillon wurde gestohlen. Im Sockel ist ein Bronzerelief eingelassen, das Helfmanns Arbeitsgebiet darstellt: Links führen Geleise unter einer Brücke durch, auf der eine Eisenbahn mit langer Rauchfahne fährt. Rechts ein plastisch aus dem Relief herausgearbeiteter Kahn vor einem Schleusentor, dahinter die Masten eines großen Schiffes. In der Mitte des Reliefs thront auf einem Sockel eine Figur, die nicht in dieses Ambiente zu passen scheint: Eine sorgsam frisierte Frau, deren linke Brust enthüllt ist, hält ein Zahnrad in der Hand. Es verrät, daß diese Frau die allegorische Darstellung der Industrie ist. Beachten Sie bitte auch ein schönes Detail links vor ihr: In der Erde liegen eine Spitzhacke und eine Schaufel. Dieses Grab war, wie Sie an den Pfosten mit Schrauben und Ösen noch sehen können, ursprünglich mit einer Kette begrenzt.

Nun gehen Sie bitte rechts an der Mauer entlang, vorbei am Grab *Rumpf,* auf dessen Sockel die Berufs-

HIER RUHEN IN FRIEDEN
DIRECTOR PHILIPP HELFMANN
GEB.7.OCTBR.1843 GEST.19.OCTBR.1899
KATHARINA HELFMANN geb. ENGEL
GEB.8.JANR.1847 GEST.16.FEBR.1887
THERESE HELFMANN geb. MAY
GEB.12.NOVBR.1848 GEST.16.NOVBR.1922

AUGUSTE
SCHULTHEIS
* 12.12.1874
† 2.6.1940

LUDWIG
SCHULTHEIS
* 12.1.1877
† 29.11.1941

GUSTAV
ZEILLER
* 29.10.1894
† 28.8.1944

PHILIPP
SCHULTHEIS
* 13.8.1900
† 28.8.1944

Grab Helfmann. Das Medaillon in der Stele fehlt.
(E774)

Grab Helfmann. Die Frauengestalt verkörpert die Industrie. Helfmann war der Gründer der Aktiengesellschaft für Hoch- und Tiefbau.

insignien des Architekten angebracht sind, geradewegs auf die Mauer zu, die parallel zur Eckenheimer Landstraße verläuft. Dort wenden Sie sich nach rechts, zu dem prachtvollen neogotischen Wandgrabmal des Pianisten und Komponisten Aloys *Schmitt* aus dem Jahre 1868. Die beiden Figuren stellen die Heilige Cäcilie dar, die Schutzpatronin der Musik. Das Grabmal war jahrelang von Bäumen und Efeu überwuchert, daher ist leider, wie Sie sehen, der gelbe Sandstein stark verwittert. Gehen Sie weiter an der Mauer entlang zum Epitaph der Familie *vom Rath.* Dessen Entwurf aus dem Jahre 1933, unterschrieben von dem Bildhauer Professor Varnesi, zeigt im Medaillonfeld nicht das Doppelporträt des Ehepaares, sondern das Monogramm Christi.

Grab vom Rath. Es handelt sich um eines der seltenen Doppelporträts eines Ehepaares. (a.d. Mauer 449)

Warum und wann dies geändert wurde, konnte ich nicht feststellen.

Gehen Sie diesen Weg bis zu seinem Ende – nach einer kleinen Biegung müßten Sie nun wieder auf einem der großen, asphaltierten Wege stehen – sodann wenige Schritte nach links und dann gleich, noch bevor sie auf den Neuen Teil des Friedhofs gehen, nach rechts, entlang der Mauer, vorbei am Medaillon von Otto *Puls* bis zum Grab Jost, an dem sich der Gestaltungswille Bahn gebrochen hat: Es besteht aus einem Pfeiler mit Blütenfries, Kapitellen und Rundbögen, einer Urne mit Kranz, zwei Blumenkübeln mit Löwenpranken, Girlanden und Engelsköpfchen sowie einem aufgeschlagenes Buch, das auf einem Kissen mit Quasten liegt. Von da sehen Sie bereits das nur wenige Schritte entfernte neogotische Wandgrabmal Lejeune.

Der Engelsfigur des Grabs Lejeune ist eine Kopie eines sehr viel eleganteren Marmorengels, den der Bildhauer Monteverdi für das Grab Oneto auf dem Genueser Friedhof Staglieno schuf. Die Figur – gedeutet als »harrender Engel des Gerichts« – erregte bei seiner Enthüllung aufgrund seiner ungewöhnlichen Gestaltung sehr viel Aufsehen, und ein Führer über den Genueser Friedhof aus dem Jahre 1922 weiß zu berichten, sie habe viele, wenn auch nicht gleichermaßen geglückte Nachahmungen gefunden. Beides ist zu bestätigen: Der Frankfurter Figur fehlt die Leichtigkeit des Originals, und zu ihrer Verbreitung kann ich Ihnen erzählen, daß ich eine Marmorkopie des Monteverdi-Engels in einer Grabkapelle auf einem kleinen mexikanischen Friedhof entdeckt habe.

Folgen Sie nun – über einige Stufen und den sich anschließenden asphaltierten Weg – weiter der Mauer. Direkt vor der nächsten Kreuzung ist links das Grab *Abt*. Sie können deutlich erkennen, daß aus dem unteren Teil des Grabsteins eine Platte herausgelöst wurde: Es handelte sich um ein Bronzerelief, genauer gesagt um eine bemerkenswerte Darstellung von Psyche und Thanatos. Als ich mich bei der Friedhofsverwaltung danach erkundigte, erhielt ich die diplomatische Auskunft, über den Verbleib der Platte sei nichts bekannt – im Klartext: Sie wurde gestohlen. Hinter der Kreuzung, ebenfalls auf der linken Seite, befindet sich das Grab *Rothhan*. Es hat bereits im Entwurf eingeplante Sitzbänkchen, die von Greifen – geflügelten Löwen – getragen werden – allerdings nicht so, wie Sie sie jetzt sehen. Die Figürchen wurden

Grab Lejeune. Die Figur ist eine Kopie einer zarteren Marmorfigur auf dem alten Genueser Friedhof Staglieno. (a. d. Mauer 465s–465t)

Grab Abt. Das Relief, das einen Thanathos und eine
Frauenfigur zeigte, wurde gestohlen. (a. d. Mauer 480)

Detailansicht des gestohlenen Reliefs

1986 gestohlen, dann aber wieder aufgefunden und anschließend falsch montiert. Die korrekte Plazierung sehen Sie auf Seite 116.

Folgen Sie diesem Weg ein ganzes Stück weit, bis sie linkerhand zum Grab von Dr. Heinrich *Hoffmann*, dem Verfasser des Struwwelpeters, kommen. Gehen Sie weiter geradeaus bis zum Anfang des Gewanns J (das, wie alle Gewanne, an der Kreuzung mit einem Stein gekennzeichnet ist). Wenn Sie hier links durch den Mauerdurchbruch gehen, befinden Sie sich auf dem Neuen Teil des Frankfurter Hauptfriedhofes. Gleich links steht auf dem Grab des Gemüsehändlers *Lauinger* ein ganz zarter Engel, das ist eine der Friedhofsfiguren, die ich seit jeher besonders gerne mag. Von der ursprünglich großen Grabanlage ist nur noch der Mittelteil erhalten. Angesichts des Vanda-

Grab von Rothhan. Die Greifen der Sitzbänke in ihrer ursprünglichen Montierung (a.d. Mauer 489–490).

lismus auf dem Friedhof mutet es fast wie ein Wunder an, daß die Figur immer noch unbeschadet ist.

Nun sind wir fast am Ende unseres Spazierganges angelangt. Um zum Neuen Portal zu kommen, gehen Sie an diesem Grab vorbei bis zum großen, asphaltierten Weg, wo Sie links abbiegen. Vor der nächsten Kreuzung sehen Sie auf der rechten Seite, etwas vom Weg zurückgesetzt, das Grab der Hermine *Claar-Delia*. Gehen Sie weiter geradeaus, doch nachdem Sie einen links gelegenen Brunnen passiert haben, sollten Sie den breiten Weg verlassen und nach links einbiegen, wo hinter Bäumen verborgen einige sehr aufwendige klassizistische Grabdenkmäler stehen. Am Ende dieses Weges treffen Sie auf den freien Platz am Neuen Portal.

Vielleicht sind Sie aber auf anderen Wegen zum Neuen Portal gelangt, weil Sie den Spaziergang zwar in der Absicht begannen, meinen Vorschlägen zu folgen, doch auf dem Weg Gräber sahen, die Sie mehr interessierten als die, die ich Ihnen zeigen wollte. Das würde mich freuen – denn ich habe dieses Buch in der Hoffnung geschrieben, daß es Sie dazu verlocken wird, den Friedhof selbst zu entdecken. Und daß für Sie nicht mehr zutrifft, was ein Kollege von mir seiner »Wanderung über den vaterstädtischen Friedhof im Mai 1873« bedauernd voranstellte:

»Es gibt viele empfindsame Seelen, welche schon ein leichtes Frösteln empfinden, wenn ihr Weg an den Pforten eines Friedhofs vorbeiführt, die sich nie oder nur in unausweichlichen Fällen entschließen können, an die Scheidegrenze zwischen Leben und Tod, das Grab, dicht heranzutreten.«

Eine typische Entwurfszeichnung aus den Gräberakten

DENKMÄLER

Vom Sensenmann zum Thanatos

Wenn wir von der Grabmalskunst des 19. Jahrhunderts auf unseren Friedhöfen sprechen, dann befassen wir uns mit den Grabdenkmälern derer, die sich Kaufgräber leisten, diese mit kostenaufwendigen Steinmonumenten schmücken und sich so eine etwas länger währende »Ewigkeit« auf dem Friedhof kaufen konnten, als die in den mit »hellblinkenden weißen Kreuzen« bezeichnete, auf zwanzig Jahre beschränkten Reihengräber Beerdigten.

Im Gegensatz zu den Grabsteinen unserer Zeit, die zumeist die Form einer schlichten, niedrigen Steinstele haben, verfügte das 19. Jahrhundert über eine Vielfalt von Grabmalsformen. Sie zeigen eine Mischung von Stilrichtungen, die auf den ersten Blick verwirrt und eine strenge kunsthistorische Aufteilung in Klassizismus, Romantik und Biedermeier nicht ermöglicht. Hinzu kommt, daß die Grabmalskunst zu allen Zeiten eine konservative Kunst gewesen ist, die auf Kunststile zurückgreift, die als überlebt gelten.

Jene Formensprache ist nur aus dem Zeitgeist des 18. Jahrhunderts zu verstehen, in dem die Veränderungen im Bild des Todes – und somit auch der Friedhöfe – ihren Anfang nahmen.

Der barocke Triumphator

Vor der Aufklärung war der Tod der Bezwinger, der Triumphator, der im Kampf gegen den Menschen immer siegreich blieb. Grabsteine des Barock zeigen – als ständige Mahnung an die Vergänglichkeit des menschlichen Lebens – mitunter den Sensenmann, häufig einen Totenschädel. Beispiele dafür sind beispielsweise die an der Außenmauer der Katharinenkirche aufgestellten barocken Grabsteine wie der für Johann Heinrich Werlin, auf dem der lateinische Text auf einen schwer fallenden Vorhang geschrieben scheint. Dessen unterer, von Fransen gesäumter Rand liegt wie ein Mützchen auf einem Schädel, und der wiederum ruht auf einem Oberschenkelknochen.

Einer der schönsten Frankfurter Barockgrabsteine steht heute auf der Orgelempore der Katharinenkirche, nachdem er viele Jahre ebenfalls an der Außenmauer aufgestellt gewesen war: Es ist das Grabmal des 1648 verstorbenen Ratsherrn und Schöffen Johann Schwind. Auf der hohen Sandsteinstele ist ein großes Familienwappen abgebildet. Des weiteren sehen wir den oberen Teil eines Schädels (aus einer etwas ungewöhnlichen Perspektive, nämlich von der Schädelbasis her), auf den sich ein schlafender Säugling stützt, der die Unschuld der Seele darstellt. Hinweise auf das verrinnende Leben sind eine Kerze und ein geflügeltes Stundenglas. Mittelpunkt des Steines jedoch ist der Tod als Triumphator: Von einem Tuch umflattert und die Armbrust in Schulterhöhe angelegt, springt er kraftvoll zum Angriff. Der Kopf ist ein Totenschädel, der skelettierte Brustkorb gibt den Blick auf die Wirbelsäule frei, Arme und Beine jedoch sind stark und sehnig, die Muskeln, durch den Sprung und die Handhabung der Waffe angespannt, minutiös abgebildet. Sehen Sie sich die nach vorne gestreckte Fußsohle an, wie

Der »Springende Tod«, ein Barock-Grabstein, der heute auf der Orgelempore der Katharinenkirche steht.

Ein Wandgrab auf dem Peterskirchhof. Der Text des
Grabsteins steht auf Seite 124.

die Hand die Armbrust umfaßt – dieser Tod ist wahrhaft springlebendig! Es gibt vermutlich in Frankfurt kein anschaulicheres Bild des barocken Todes, wie ihn Ariès beschreibt: »Gegen Ende des 16. Jahrhunderts wird der *transi* [der halbverweste Tote] durch das nackte und ausgebleichte Skelett ersetzt, das der schleimigen Säfte des Körpers und der Erde ledig ist. Es ist eine andere Gestalt. Er…rennt, springt, fliegt, von immerwährender Bewegung durchzuckt.«

Der Engel des Schlafes

Auch auf vielen Grabsteinen des mit Eröffnung des Hauptfriedhofes im Jahre 1828 geschlossenen Peterskirchhofes an der Bleichstraße sind noch Schädel und Knochen abgebildet, aber hier und dort zeigt sich bereits eine veränderte Geisteshaltung: Ein besonders schönes Beispiel ist ein Wandgrab aus dem Jahre 1816 an der Innenseite der Mauer zur Stephanstraße. Im Giebelfeld ist eine Frauengestalt mit riesigen Flügeln abgebildet. Sie sitzt an einem Tisch und ist offenbar mit Schreibarbeiten beschäftigt, zu ihren Füßen liegen ein dickes Buch und – ein Totenschädel. Doch das Mittelfeld des klassizistischen Grabsteines stellt eine völlig neuartige Szene dar: Eine vielköpfige Kinderschar nimmt weinend und mit dramatisch erhobenen Armen Abschied von der Mutter, die sich erschöpft an den ebenfalls wehklagenden Gatten lehnt. Alle Beteiligten tragen Gewänder im Stil der Antike, über den Kindern fliegt ein Schmetterling. Der Text des Grabsteins lautet:

SEINER FRUH VERSTORBENEN

HIER SCHLUMMERNDEN INNIGST GELIEBTEN GATTIN

MARIANNA GEBORNEN NIBLER

MUTTER VON VIER KINDERN

ERRICHTETE DIESES

DENKMAHL DER LIEBE

IOSEPH ANTON LENTZ

KAUFMANN IN NURNBERG

DIE UNVERGESSLICHE WURDE GEBOREN ZU

WOLFRATHSHAUSEN

IN BAYERN DEN 2 NOVEMBER 1785

UND STARB AUF DER REISE

ZU FRANKFURT DEN 15 SEPTEMBER 1816

Verweise auf die Schrecken des Todes sind auf diesem Grabstein ebensowenig zu erkennen wie christliche Symbole.

Sehr schön auch eine Frauenfigur am linken Treppenaufgang neben der Kirche: Eine antik gewandete Gestalt, wie wir sie auf dem Hauptfriedhof häufig finden werden, die sich, in der rechten Hand ein Stundenglas haltend, mit dem linken Ellbogen auf ein großes Urnengefäß stützt (auch dies ein Symbol, dem wir noch begegnen werden). Im Sockel des Gefäßes jedoch ist noch das Relief eines mit Lorbeer geschmückten Schädels.

Diese beiden Darstellungen bezeichnen mit ihrer Verbindung von barocker und aufklärerischer Symbolik die Zeit des Übergangs vom furchteinflößenden zum sanften, lieblichen Tod des ausgehenden 18. und des 19. Jahrhunderts. Steht auf einem Grabstein an der Katharinenkirche

Grab Mainzer mit einer idealtypischen Thanatosdarstellung (a.d. Mauer 423 a)

noch unter dem Datum »Den 11 Tag February A 1659. Leich Text Aus Der Epistel An die Hebreer Cap. 12 Vers 5 bis 11« [Denn wen der Herr liebt, den züchtigt er], so suchen wir derartige Ermahnungen, ja selbst vage Anspielungen auf die Schrecken des Todes auf dem Frankfurter Hauptfriedhof vergebens. In Übereinstimmung mit dem Zeitgeist der Aufklärung und der Romantik bekam der Tod nun tröstliche, fast heitere Züge.

Daran war Gotthold Ephraim Lessing wesentlich beteiligt. Im Jahre 1769 hatte er in einem Traktat mit dem Titel *Wie die Alten den Tod gebildet* eine Abwendung von dem düsteren Bild des Todes als »scheußliches Gerippe«, Sensenmann und Totenschädel gefordert. Erstrebenswerter schien ihm das von der Antike gewählte »alte heitere Bild des Todes«, der Thanatos, Zwillingsbruder von Hypnos, dem Gott des Schlafes. Von diesem Genius des Todes in der Gestalt eines schönen Jünglings wurde der Tote sanft in den tiefen Schlaf, in eine andere Welt geleitet. Seine Zeichen waren die gesenkte Fackel als Symbol des verlöschenden Lebens und, als Allegorie des Schlafes, die Mohnkapsel, aus der das einschläfernde Opium gewonnen wird. Lessing führte als Beispiel Abbildungen auf antiken Sarkophagen und Aschenurnen an, die geflügelte Putten mit Fackeln zeigen, sowie die inzwischen berühmt gewordene Figurengruppe von San Ildefonso, die zwei nackte Jünglinge darstellt. Einer der beiden hält in der linken Hand eine Fackel, die er auf die Schulter stützt.

In einer Antwort auf Lessing nennt Herder den Thanatos »Engel« und deutet ihn christlich um: »Wenn also irgendwohin, so gehört der Engel des Schlafes mit der gesenkten Fackel vor die Grabmäler der Christen, da der Stifter ihrer Religion es zu einem Hauptzweck seiner Sendung machte, den Tod in einen Schlaf zu verwandeln.«

Auch Goethe mochte diesen sanften Tod lieber als den sensenschwingenden Knochenmann. Sich an Lessing erinnernd, schrieb er: »Am meisten entzückt uns die Schönheit jenes Gedankens, daß die Alten den Tod als den Bruder des Schlafes anerkannten und beide [...] zum Verwechseln gleich gebildet.« Schiller hingegen blieb skeptisch: »Lieblich sieht er zwar aus mit seiner erloschenen Fackel; Aber, Ihr Herren, der Tod ist so ästhetisch doch nicht!«

Seine Skepsis fand wenig Resonanz, die Schriften von Lessing und Herder führten zu einer Abkehr vom alten Todesbild und – zumindest zunächst – auch von eindeutig christlichen Symbolen. Wir können jedoch annehmen, daß ihre Schriften keine derart immense Wirkung gehabt hätten, wären sie nicht Ausdruck eines Zeitgeistes gewesen, durch den sich die Auffassung vom Tod und den Toten bereits gewandelt hatte.

Das zweifellos berühmteste Grabdenkmal des Frankfurter Hauptfriedhofes, das im Jahre 1814 konzipierte Relief des dänischen Bildhauers Berthel Thorvaldsen für den jung verstorbenen Philipp Bethmann-Hollweg (Gruft 1) zeigt einen ganz klassischen, gefiederten Thanatos: die Augen geschlossen, die Beine gekreuzt, mit der Linken locker auf die umgekehrte Fackel gestützt, lehnt er sich an den Sterbenden. In der Hand einen Mohnzweig, umfaßt sein rechter Arm leicht die Schulter des jungen Mannes, was darauf hindeutet, daß er Philipp Bethmann bereits den »ewigen Schlaf« gebracht hat.

Eine lebensgroße, sehr schöne Thanatos-Statue des Bildhauers Karl Martin Herold ist leider teilweise zerstört: Auf einem hohen Sockel steht ein sanft wirkender junger Mann mit großen Flügeln, Fackel und Mohnkapsel, dessen Blick gelassen, ja versonnen zu Boden gerichtet ist. (Grab Mainzer, a. d. Mauer 423 a). Daß die Bedeutung dieser Figur schon Anfang des 20. Jahrhunderts nicht mehr geläufig war, beweist ein Friedhofsführer aus dem Jahre 1905. Der Verfasser bezeichnet diesen typischen Thanatos als »Idealfigur mit Krantz und Wanderstab«.

Nun wäre allerdings die Schlußfolgerung, der Tod habe im 18./19. Jahrhundert seinen Schrecken verloren, gänzlich irrig. Er wurde romantisch verklärt, seine unerquicklichen Seiten wurden sowohl auf Bildern als auch in Texten sorgsam umgangen. »Die Metapher des Schlafs [...] zeigt eine *Scheu vor der letzten Härte des Todes*.« Sie schuf eine Distanz, durch die er weniger bedrohlich wirkte, eine Tendenz, die sich auch in den Wunschvorstellungen von der Gestaltung des Friedhofes zeigte: Dort wurden die Toten als »Bewohner« eines »melancholischen Gartens«, die Besucher der Gräber als »Spaziergänger« bezeichnet. Und wie in der Sprache, so wurden auch in der bildlichen Darstellung die Grauen des Todes tabuisiert.

Der »Tod des Anderen«

Eine weitere wesentliche Veränderung betrifft die »Hauptperson«. Bei der Gestaltung des Grabmals stehen nun – selbst wenn es angesichts der zahlreichen Porträtmedaillons, Büsten und herzergreifenden Texte auf den ersten

Blick anders erscheinen mag – immer häufiger nicht mehr die Toten, sondern die Hinterbliebenen im Mittelpunkt. Zentrale Aussage ist der Schmerz über, wie Ariès es nennt, »den Tod des Anderen«, an dem der Friedhofsbesucher durch Text und Ikonographie des Grabsteins teilhaben soll.

Vergleichen wir die Grabsteine des Barock, mit ihren Totenschädeln, christlichen Ermahnungen und knappen Beschreibungen des Lebens der Verstorbenen mit dem für die neue Empfindsamkeit idealtypischen Grabstein auf dem Peterskirchhof, von dem schon die Rede war: Dominierendes Merkmal ist die grenzlose Trauer der Familie.

Ganz offensichtlich wird dieser Wandel bei Grabinschriften. Zum einen erwähnen diese Texte den Tod nicht mehr – die Toten wurden »in die Ewigkeit abberufen«, sie »ruhen«, »schlafen« oder »schlummern«. Zum anderen ist vornehmlich von den Gefühlen der Zurückbleibenden die Rede. Die Tugenden und Verdienste des/der Verstorbenen werden zwar nach wie vor beteuert, nun jedoch dient dies der Verdeutlichung des unersetzlichen Verlustes, den der Tod des geliebten Menschen für die Hinterbliebenen bedeutet, die Inschriften »sprechen« stellvertretend für die Hinterbliebenen: der Verstorbene ist »unvergessen«, »beweint«, lebt in Erinnerung, ist »Verlornes Glück«, »mein treuer innigstgeliebter Gatte, unser theurer Vater«. Auch bei Versen wie dem folgenden sprechen die Lebenden vor allem über sich selbst:

Stets einfach war dein Leben,
du dachtest nie an dich,

Nur für die Deinen streben,
war für dich Glück und Pflicht.

Die Art der Trauer veränderte das Verhalten der Friedhofsbesucher. War bei den innerhalb der Stadt gelegenen Kirchhöfen der Grabbesuch mit dem Kirchgang gekoppelt, so wurde durch die Verlagerung der Friedhöfe aus den Siedlungen und den damit verbundenen langen Wegen der Besuch eines Grabes zu einer »Unternehmung«, die geplant werden mußte. Daher erstaunt die Bemerkung aus dem Jahre 1857 nicht, daß die weite Entfernung des Friedhofes »hindere, daß die Angehörigen selbst die Gräber schmücken und pflegen; sie können [...] nur von Zeit zu Zeit frische Kränze bringen«. Dabei hielt man dann mit »dem lieben Verstorbenen« Zwiesprache, fühlte sich ihm an seinem Grab näher. Um diese Besuche etwas bequemer zu machen, wurde manchmal eine kleine Bank auf das eingezäunte Areal des Grabes gestellt oder bei der Gestaltung des Grabsteines gleich mit eingeplant.

Grab Staudinger. Martin Eduard Staudinger war ein Vorkämpfer gegen die Vivisektion. (C 59–60)

Die Sprache der Grabsteine

Die Trauer der Hinterbliebenen nahm verschiedene Formen an und zeigte sich nicht zuletzt darin, »zu Ehren der Toten« einen kostspieligen Stein aufs Grab zu setzen, vorausgesetzt natürlich, man verfügte über die Mittel zum Ankauf eines Familiengrabes. Auf dem Peterskirchhof hatte noch Sandstein vorgeherrscht, denn »die Auswahl des Materials war durch das örtliche Vorkommen, Form und Bearbeitung durch die handwerkliche Tradition bestimmt und dadurch war die ‹Persönlichkeitsentfaltung› mehr eingeschränkt als durch Verordnungen«. Nun jedoch gewannen ortsfremde Materialien wie Marmor und Granit, die aufgrund verbesserter Transportmöglichkeiten leichter als vordem zu beschaffen waren, an Bedeutung. Diese harten Gesteine waren nicht nur vornehmer, weil teurer, als die hiesigen Materialien, sie kamen auch dem Wunsch nach einem dauerhafteren Grabmal, als den aus weichem Sandstein gearbeiteten, entgegen. Zudem hatten manche Granitarten gegenüber dem gelben oder roten Sandstein den Vorteil, in der Trauerfarbe schwarz geliefert zu werden. Daneben wurden Gußeisen und Galvanoplastik häufiger verwendet, denn gußeiserne Grabzeichen aus der Massenfertigung waren preiswerter als Steinzeichen. Gelegentlich bediente man sich kleiner Tricks und bemalte gußeiserne Monumente mit Ölfarben und Sand, bis sie wie Sandstein aussahen oder bearbeitete Steine, die als minderwertig galten, um Marmor vorzutäuschen.

Die Trauer der Hinterbliebenen fand ihren Niederschlag auch in der Gestaltung dieser Grabsteine, deren reiche Symbolik unsere nüchtern-kühle Zeit selten ohne Erklärung versteht. Die Menschen des 19. Jahrhunderts waren allem Symbolhaften sehr zugetan und keines der Zeichen, von denen fast jedes erhaltene Grab mindestens eines aufweist, war zunächst als pure Dekoration gedacht. Später allerdings – diese Entwicklung setzt bereits im ausgehenden 19. Jahrhundert ein – nahm das Wissen um die Bedeutung ihrer Symbolik ab, und die Motive wurden oftmals nur noch gewählt, weil sie traditioneller Grabschmuck, weil sie »hübsch« und »würdig« waren.

Christus und das Kreuz

An Eindeutigkeit nichts verloren haben christliche Symbole: So die Darstellungen Christi, ob gekreuzigt, in einer Pietà-Gruppe oder segnend. Die von Thorvaldsen im Jahre 1819 für die Frauenkirche in Kopenhagen geschaffene segnende Christusfigur, deren stehende Gestalt mit ausgebreiteten Armen die Kreuzform aufgreift, soll in der 2. Hälfte des 19. Jahrhunderts eine der häufigsten Grabfiguren gewesen sein. Auf dem Hauptfriedhof gibt es nur noch wenige derartige Figuren und falls es weitere gegeben hat, dann wurden sie abgeräumt.

Auch das Kreuz als Grabmal ist uns vertraut, es ist, neben der Stele, das am häufigsten vorkommende Grabmal des Hauptfriedhofs. In der Grabmalgestaltung des 18. Jahrhunderts kaum vertreten, gewinnt es im 19. Jahrhundert in vielfältigen Ausführungen eine ungeahnte Bedeutung. Seib berichtete, daß gußeiserne Grabkreuze durch die Massenproduktion »auch für Schichten erschwinglich wurden, die sich zuvor allenfalls hölzerne

Grabkreuze leisten konnten«. Dies würde erklären, warum sie auf dem Frankfurter Friedhof sehr selten sind: Sie standen nicht auf Kauf-, sondern auf Reihengräbern, und die wurden schon vor langer Zeit aufgelöst.

Nur im scheinbaren Widerspruch dazu steht, daß gerade die alteingesessenen und wohlhabenden Frankfurter Familien das Kreuz als würdevolle Grabform bevorzugten, um sich mit einem betont schlichten Grab von der rapide um sich greifenden Prunksucht auf den Friedhöfen zu distanzieren. Ausgesprochen karg wirken die schwarzen Eisenkreuze auf einem der de Neufville'schen Familiengräber (D, an der Mauer zur Eckenheimer Landstraße), wenn auch die Familie auf eine aufwendig gearbeitete Platte an der Mauer nicht verzichten wollte. Doch im allgemeinen wählten die Patrizierfamilien weder Schmiedeeisen noch Massenware aus Gußeisen, sondern weißen Marmor. Diese sorgsam arrangierten Kreuzgruppen verwischten auch – zumindest vorgeblich – die Hierarchie in der Familie, die sich bei anderen Grabformen oftmals darin äußert, daß die große Platte dem Patriarchen gewidmet ist, auf der dann Ehefrau, Kinder und sonstige Verwandte nachgeordnet Erwähnung finden. So wurden zum Beispiel auf den Grabstätten der bekannten Frankfurter Familien Guaita, Fellner, Mumm von Schwarzenstein, Andreae und von Willemer für jeden dort Beerdigten ein gleich großes Kreuz errichtet.

Der heutige Eindruck dieser Kreuzgruppen ist nicht der, den sie ursprünglich hatten und haben sollten. Entlang der Wege plaziert, hoben sie sich von den dahinterliegenden Reihengräbern mit ihren weißen Holzkreuzen kaum ab. Dies betonte die Gleichheit vor dem Tod, wenn

Eine der Kreuzgruppen, die die Gleichheit vor dem Tod betonen sollten.

Grab Guaita. Eine der aufwendigsten Grabstätten des Friedhofs (C 8–9)

es auch in Formgebung und Material nach wie vor einen »kleinen Unterschied« zu der großen Masse der Beerdigten gab. Er zeigte sich in vielen Fällen auch durch zusätzliche Ausschmückungen der Grabstätte: So wußte der Bildhauer Schmidt von der Launitz die Schlichtheit der weißen Marmorkreuze des Grabes Guaita (C 8) durch einen sehr eleganten, der Renaissance nachempfundenen Tempel zu akzentuieren.

Grabformen aus unserem Kulturkreis

Aus unserem Kulturkreis stammen Grabformen, denen zwar ein eindeutig christlicher Bezug fehlt, die jedoch in früheren Jahrhunderten bei Kirchenbestattungen üblich waren: das Wandgrab, die Tumba und die Grabplatte. Wandgräber waren die geeignetste Grabform für die Epitaphien (d. h. Familiengräber entlang der Mauer). Aus wirklichen Grabplatten – und damit meine ich die bodenbündige Abdeckung von Gräbern, über die der Besucher, wie in den Kirchen, hinwegläuft – besteht der Boden der Gruftenhalle, und obwohl sich die Grabplatte für eine Verwendung unter freiem Himmel denkbar schlecht eignet, findet sie sich auf dem Friedhof selbst auch als Grabstein, allerdings häufig mit einem Unterbau, der sie vor überwucherndem Gras schützt.

Ein Ersatz für die bereits im 18. Jahrhundert gesetzlich unterbundene Kirchenbestattung waren Mausoleen, von denen es in Frankfurt wenige gibt. Als bedeutendstes ist hier das Reichenbach'sche Mausoleum im Gewann F zu nennen, das, wie ein Stadtplan aus dem Jahre 1845 zeigt, ursprünglich außerhalb des Friedhofsgeländes lag. Der von Professor Hessemer geplante »Zentralbau der Neo-gotik, der einzigartig für Frankfurt und Umland ist«, wurde 1847 beendet. Im Inneren, das nicht zugänglich ist, stehen in Nischen zwei Marmorsarkophage, an denen Schmidt von der Launitz sechs Jahre gearbeitet haben soll.

Ein Rückbesinnung auf deutsche Kunststile sind gelegentliche neoromanische sowie zahlreiche neu gotische Grabsteine, deren Vorbild jedoch nicht gotische Gräber, sondern gotische Architekturdetails waren. Diese Grabsteine – häufig in Form einer von einem Kreuz gekrönten Fiale – waren Ausdruck der romantischen Besinnung auf die deutsche Geschichte und, zumindest ursprünglich, einer um die Jahrhundertmitte einsetzenden bewußten Abwendung von der »heidnischen« Antikenverehrung. Wesentliche Impulse waren Goethes Bewunderung für das Straßburger Münster sowie der 1840 begonnene Weiterbau des Kölner Domes. Als elegant galten Gräber im Stil der Renaissance (Rumpf, a. d. Mauer 269 a), oft mit Voluten (schneckenförmig eingerollte Verzierungen) und Muschelwerk; um die Jahrhundertwende wurden auch neubarocke Gräber gestaltet, bei denen, wie Bloch es treffend ausdrückte, Ethos in Pathos umschlägt. Das ausgeprägteste Beispiel eines neobarocken Grabes auf dem Frankfurter Friedhof – das Grab Kessler (F V – VI) – wirkt unruhig, überladen, ja geradezu erdrückend.

Ebenfalls aus unserem Kulturkreis stammt eine weitere sehr beliebte Grabmalsform: Ein Findling mit einer Metallplatte, gelegentlich auch mit dem Porträt des Verstorbenen, auf dem zusätzlich eine Urne, eine Skulptur oder ein Kreuz stehen. »Der Findling konnte auch ein

Grab Kessler (F V – VI)

Baumstammkreuz tragen, das an die Bestattung nach Art der alten Germanen, in einem hohlen Eichenstamm, erinnerte. Dabei wurde das Holz durch gelben Sandstein oder Marmor imitiert«.

Grabmalsgestaltung als Ausdruck der Antikenverehrung

Männer der Kirche wetterten jedoch, »daß die Typen der großen Mehrzahl der modernen Grabmäler dem Heidentum entlehnt sind«, denn trotz gelegentlicher Rückgriffe auf die christliche Vergangenheit stammte die Mehrzahl der Grabmalsformen aus den antiken Kulturen Ägyptens, Griechenlands, Roms. Auch hierin orientierte sich das Bildungsbürgertum, ganz im Sinne der Antikenverehrung, an der Sepulkralkultur anderer Völker und vorchristlicher Epochen. Die Schriften Winckelmanns, die 1840 begonnene systematische Freilegung Pompejis sowie Schliemanns Grabungen in Mykenä waren Auslöser für Grabformen, an denen vor allem katholische Geistliche heftigen Anstoß nahmen: verkleinerte Pyramiden und Obelisken, freistehende Stelen, Sarkophage, Aschenurnen und Säulen, kubische Cippi (eine bei den Etruskern gebräuchliche Form des Grabsteins) sowie zahlreiche Anleihen bei der griechisch-römischen Tempelarchitektur. Dabei wurden Grundformen und Verzierungen häufig recht willkürlich aus kulturellen und historischen Epochen zusammengesetzt, deren Gemeinsamkeit oft allein darin bestand, auf einem dieser Grabsteine miteinander verbunden zu werden.

Ein treffendes Beispiel ist das neubarocke Grab Kessler mit einem Obelisk als dominierendem Mittelteil, der, ebenso wie die Pyramide, aus der ägyptischen Kunst stammt. Julius Caesar hatte ihn nach Rom gebracht, wo er von Reisenden des 18. Jahrhunderts als Grabstein interpretiert und – zusammen mit den aus dem antiken Rom stammenden Sarkophagen – nach Mitteleuropa »exportiert« wurde. Eine wahrhaft monströse (der griechischen Antike entlehnte) Sphinx krönt – zusammen mit einer ebenso riesigen (römischen) Aschenurne – das an sich schon sehr wuchtige Grab Petry (A 425), dessen Dach von zwei Karyatiden getragen wird, die ein besonders ausgeprägtes Beispiel sind für die freudige Übernahme der Stilelemente griechischrömischer Tempel: Giebel, Kapitelle, Akroteren, Säulen jeglicher Art.

Die alleinstehende Säule wurde zu einem der beliebtesten Grabdenkmäler. Sie greift auf die »antike Vorstellung zurück, in der Säule ein Gleichnis für den Menschen« zu sehen; folglich steht die gebrochene Säule für ein allzu früh beendetes Leben. Viele dieser Säulen wurden in Massenfertigung aus schwarzem, hochpoliertem Granit hergestellt, was Anfang des 20. Jahrhunderts einen wütenden Kritiker der Friedhofskunst zu der Bezeichnung »Ofenrohre« veranlaßte. Ein germanisch verhaftetes Gegenstück dazu ist der Eichenstumpf, denn auch der Baum ist Lebenssymbol.

Die »neutralste« Grabform war die Stele – der aufrecht stehende, brettartige Stein – doch auch sie kommt schon in der Antike vor.

Wenn schon – wie beim Grab Kessler – die Gesamtanlage eines Grabes aus stilistischen Versatzstücken vergangener Jahrtausende zusammengestellt war, so kann nicht erstaunen, daß sie häufig durch eindeutig christliche

Symbole – Kreuz, Christusdarstellung oder Pietà – ergänzt wurde. Daneben gab es auch verschlüsselte Bekenntnisse zum Glauben an ein Leben nach dem Tod und an die Allgegenwart Gottes. Zwei verschlungene Hände, manchmal in einer Wolke abgebildet, stehen für Eheleute, die auf ein Wiedersehen in einer anderen Welt vertrauen, manchmal jedoch auch, wie auf dem schönen Grabstein von Johann David Behagel (D 473), für Kameradschaft und Dankbarkeit, die über den Tod hinausgeht. Sonne und Stern oder auch Dreigestirn deuten auf den Himmel, die Zahl Drei immer auf die christliche Dreieinigkeit. So auch das Dreieck, in dem das Gottesauge, altchristliches Zeichen für die Allgegenwart Gottes, oftmals steht.

Kreuz, Herz und Anker sind als Glaube, Liebe, Hoffnung zu interpretieren. Die Sanduhr, ein schon im Barock sehr beliebtes Symbol, mahnt an die verrinnende Lebenszeit. Häufig hat sie Flügel, die die Aussage bekräftigen: »Denn es [das Leben] fahret schnell dahin, als flögen wir davon« (Psalm 90). Auf die Bibel wird nicht nur auf solche Weise verschlüsselt hingewiesen, oft finden sich auf den Grabmälern explizite Bibelzitate.

Am geflügelten Engelsköpfchen zeigt sich, wie »antike Sinnbilder als christliche Auferstehungszeichen umgedeutet« wurden, um sie für einen christlichen Friedhof passender erscheinen zu lassen. Denn eine Interpretation verbindet es mit dem Thanatos, da dieser, wie Eros und Amor, zu den Eroten zählte und in der Antike häufig als Putto dargestellt wurde. Die andere – christliche – Deutung sieht in ihm den Idealzustand der kindlichen Unschuld.

Grab Jost. Detail des Blumenkübels. (a. d. Mauer 465 k)

Ein weiteres Beispiel für ein Symbol, das sowohl eine antike als auch eine christliche Deutung hat, ist die Tür, die schon auf römischen Aschenurnen abgebildet ist. Für den Christen jedoch bezeichnet sie den Übergang zwischen Diesseits und Jenseits und stützt sich auf ein Wort Jesu in Joh. 10. 9: »Ich bin die Tür.« Auf dem Hauptfriedhof erscheint dieses Motiv in zwei aufwendig gearbeiteten, sehr ähnlichen Grabmonumenten: Ein Engel steht im Begriff, eine Tür zu öffnen – das Grab Oppermann

Grab Claar-Delia. Das Grabmal der Schauspielerin Hermine Claar-Delia ist eines der wenigen aufwendigen Gräber für eine Frau. (I 183)

(Grüfte) und das Grab Bockenheimer (a.d. Mauer 539a)
Die Engel sind übrigens zwei Kopien einer seriell herge-
stellten Marmorfigur.

Engels- und Frauengestalten

Engels- und Frauengestalten, die an den Gräbern stehen
oder sitzen, fallen dem Friedhofsbesucher vermutlich als
erstes auf. Sie erinnern häufig an die »Schutzengel«, die
auf Kitschbildchen kleine Kinder sicher an gefährlichen
Abgründen entlangführen. Eine Figur auf dem Frankfurter Südfriedhof greift dieses Bild explizit auf: Ein Engel legt einem Kind – sicherlich die dort beerdigte kleine
Bertha – behütend die Hand auf den Kopf.

Die melancholisch blickenden Frauen sind jung und
von unpersönlicher Schönheit, ihr Kopf ist manchmal so
tief geneigt, daß das Gesicht dem Betrachter verborgen
bleibt. Dies galt, ebenso wie die Haltung der Hände, die
gefaltet sind, die Brust berühren oder einen Kranz bzw.
Blumen umfassen, als Ausdruck des Trauerns. Bekleidet
sind die Gestalten ausnahmslos mit antik anmutenden
Gewändern, die eher Stoffbahnen als Kleidungsstücken
gleichen. Es fällt auf, daß sie die jungen Körper oftmals
mehr enthüllen als bedecken. Ein bemerkenswertes Beispiel ist das Grab Carl Heinz aus dem Jahre 1900 (F2032).
Auf der von dem Bildhauer Hausmann, der auch den
Märchenbrunnen am Theater schuf, gestalteten Stele ist
ein sehr junges, fast unbekleidetes Mädchen zu sehen,
das, an einen Baum gelehnt, entspannt im Sommerwind
zu sitzen scheint. Der Text auf dem Vorsprung, der ihr
als Sitz dient, thematisiert das Thema Lust auf eine für

Grab Heinz vor seiner Reinigung (F 2032)

Die Figur vor und nach der Reinigung

den Friedhof und die Zeit (1902) geradezu gewagte Weise: »Doch wenn aus dem Auge trübe mir ein Meer von Schmerzen sah, sang von Lust ich und von Liebe und von Leben sang ich da.«

Nun sollte man meinen, daß es für ein so auffallendes Phänomen wie die Verwendung von Frauengestalten als Grabschmuck eine schlüssige und von allen akzeptierte Deutung ihres Symbolgehaltes gibt. Dies ist nicht der Fall, es gibt derer viele. Welche Interpretation zutreffend ist, ist schwer zu sagen. Die Figuren jedoch, um die es hier geht, beziehen sich ganz offensichtlich nicht auf christliche Vorbilder, ihre bildnerischen Anleihen bei antiken Plastiken sind zu eindeutig.

Dem trägt die folgende Meinung Rechnung: »Deutlicher, als in dieser Umgebung [als Grabplastik], konnte nicht gezeigt werden, daß die Nacktheit nicht sinnliche

Wärme oder Erotik bedeutete, sondern ein Erkennungszeichen war für die Zugehörigkeit zur gemeinsamen Antiken-Verehrung.« Galten diese Skulpturen als »antike Kunst«, so würde verständlich, warum sie, ohne Anstoß zu erregen, spärlich bekleidet sein konnten.

Andere vergleichen ihre Funktion mit der der Rückenfiguren auf den Bildern C. D. Friedrichs: »Sie sollen den Betrachter in das Bild hineinziehen, an der persönlichen Trauer beteiligen.« Danach wären Frauengestalten die bildliche Entsprechung zu den Texten, die ja Ähnliches zum Ziel haben. Damit vereinbar ist die Interpretation, sie verträten als Trauernde die Hinterbliebenen am Grab. Als historische Vorgängerinnen gelten »die schönen Frauenfiguren der antiken griechischen Grabmäler, die in sanfter Wehmut von ihren Angehörigen Abschied nehmen« oder auch »die Allegorien an barocken Grabmälern, die das Hinscheiden weltlicher oder geistlicher Fürsten beklagen«.

Weiter geht die Ansicht, die weiblichen Grabfiguren seien »die Personifikation von Trauer schlechthin«, ein »in Stein festgehaltenes lebendes Bild der Trauer« oder auch, wenn ihnen die Flügel fehlen und der Kopf gen Himmel gerichtet ist, eine »Personifikation der Auferstehungshoffnung«. Dies erinnert ebenso wie die Bezeichnung »Auferstehungsleib der Verstorbenen« [pl.] an eine antike Frauengestalt, die Lessing dem Thanatos gegenüberstellte, und die er als »Psyche«, die Darstellung der Seele des Verstorbenen, interpretiert.

Auf dem Hauptfriedhof gibt es zwei Reliefs, die Thanatos und eine geflügelte Frauenfigur, Rücken an Rücken sitzend, als Paar abbilden. Diese Darstellungen sind über-

Gen. F. 2032   F. F.

Carl Heinz
gab. 13. April 1841 gjst. 25. Juli 1900

Der Entwurf von F. Hausmann für das Grab

aus interessant, da sie einen erneuten Wandel im Todesbild zeigen, den ich als ebenso drastisch erachte wie den
früheren vom Skelett zum Jüngling: In der zweiten Hälfte des 19. Jahrhunderts werden die Idealfiguren auf den
Gräbern femininer, bis der als Mann dargestellte Tod
schließlich fast verschwindet und aus dem schönen Jüngling der weibliche »Todesengel« geworden ist.

Erstaunlicherweise stellt sich keiner der hier Zitierten
die Frage nach den Gründen dieses Wandels, ja kaum
einer scheint ihn überhaupt wahrzunehmen. Ebenso
wenig wird diskutiert, warum als Auferstehungsleib und
Trauer ausschließlich Frauen-, niemals jedoch Männer-
figuren auf den Gräbern erscheinen, warum gerade die
Frau als Gebärende ein angemessenes Symbol für Tod zu
sein schien. Einen überaus wichtigen Hinweis gibt Christina von Braun. Sie sagt, seit Beginn des Industriezeit-
alters werde die soziale Rolle des Mannes zunehmend
»mit Aktivität und anderen Worten umschrieben, die
Leben bedeuten. Die soziale Rolle der Frau hingegen ist
seit der Neuzeit immer mehr mit Passivität und Schweigen
gleichgesetzt worden, beides Begriffe, die auch soviel wie
Tod bedeuten.«

Solche Frauengestalten gibt es nicht nur auf deutschen,
sondern auf jedem großstädtischen Friedhof Mittel- und
Südeuropas, der im 19. Jahrhundert angelegt wurde, und
sie fehlen auch in keinem Katalog der damaligen Anbie-
ter von industriell gefertigten Grabmälern. Durch die
Massenfabrikation wurden sie billiger – und beliebig oft
kopierbar, was erklärt, warum gelegentlich die gleiche
Figur nur wenige Meter voneinander entfernt auf zwei
verschiedenen Gräbern steht. Ein Beispiel in Frankfurt

waren zwei identische Figuren, die seit Beginn des 20. Jahrhunderts im Gewann G unmittelbar nebeneinander standen und von denen bereits die Rede war. Diese – übrigens von der WMF gegossene Figur – war sehr beliebt und weit verbreitet: Sie steht u. a. auf den Friedhöfen in Hamburg-Ohlsdorf, Aschaffenburg, Berlin, Düsseldorf, Münster sowie im Museum für Sepulkralkultur in Kassel.

Tatsächlich kam es vor, daß auf dem Frankfurter Hauptfriedhof mehrere Kopien der gleichen seriellen Skulptur aufgestellt wurden. Aber während die gerade erwähnten Galvanofiguren im Gewann G auf den Gräbern einer Familie standen (und stehen sollten), konnte es auch zu unbeabsichtigten »Doppelungen« kommen. Ein Beispiel ist die Frauenfigur vor einer Tür, die sowohl in der Gruft Oppenheimer als auch auf dem Grab Bockenheimer steht. Diese beiden Gräber sind allerdings so weit voneinander entfernt, daß das nicht auffällt. Doch die allzu große Nähe zweier ähnlicher Gräber konnte sogar zur Verlegung eines Grabes führen, weil nun dessen (vermeintliche) Einzigartigkeit beeinträchtigt war.

1913 wurde direkt neben dem Grab Bockenheimer ein ähnliches Grab errichtet. Es handelt sich ebenfalls um eine Ädikula mit Dreiecksgiebel und Säulen, allerdings fehlt die auffallende Frauenfigur. Obwohl das Grab Bockenheimer also in einer Art »Baukastensystem« aus zwei seriellen Elementen zusammengesetzt worden war, empörte sich der Grabeigner in einem Brief an das Friedhofsamt: »Wie Ihnen bekannt, hat meine Familie (Geheimrat Bockenheimer) ein Erbbegräbnis in Frankfurt a. Main. Auf dem Platze steht eines der schönsten Denkmäler des Friedhofs. Unglaublicherweise ist es nun vorgekommen, daß auf dem Nebenplatze dasselbe Denkmal ohne Marmorfigur errichtet wurde. Hierdurch ist der Eindruck, den unsere Grabstätte auf den Besucher des Friedhofs macht, erheblich gesunken, ja für einen ästhetisch empfindenden Menschen geradezu vernichtet. Wir beabsichtigen daher, falls die Kosten nicht zu erheblich sind, die Grabstätte zu verlegen.« Dies geschah tatsächlich, und zwar 1929, also 16 Jahre später.

Manche dieser seriellen Figuren waren ursprünglich farbig, aber wir können heute nur noch raten, wie sie ausgesehen haben mögen. Diese Trauernden und Engel, die bereits ab 2000 Mark aus Italien importiert werden konnten, wurden in der zweiten Hälfte des 19. Jahrhunderts auf den Friedhöfen immer zahlreicher. Sie waren allen, die sich der »Hebung des Friedhofes- und Grabmalskunst« verschrieben hatten, ein mächtiger Dorn im Auge: deren »fade Sentimentalität« bejammernd, nannten sie sie »Zuckerengel«, »Zierpuppen« und, schlimmer noch, »jämmerliche Schmachtpuppen«.

Die meisten von uns werden sich dieser Meinung wohl kaum anschließen. Sollten Sie den Friedhof häufig besuchen, dann haben Sie sicherlich Ihre »Lieblingsfrauen«, die Ihnen bei dem Gang über den Friedhof die Orientierung erleichtern und für die Sie vielleicht sogar einen kleinen Umweg machen.

Porträts von Frauen …

Gemessen an den vielen als »Idealfiguren« dargestellten, »zeitlos« bekleideten Frauen, denen jedwede Individualität fehlt, ist die Zahl der eindeutigen Porträtdarstellungen gering. Vermutlich um ein Abbild der Verstorbenen handelt es sich bei der Figur auf dem Grab Leimbach (J 800), die die ansonsten übliche Jugendlichkeit und Gleichmäßigkeit der Gesichtszüge vermissen läßt. Das große, aufgesockelte Kreuz stammt aus dem Jahre 1879, die Figur wurde erst 1904, im Todesjahr der dort beerdigten Clara Leimbach, hinzugefügt, was den unharmonischen Gesamteindruck des Grabes erklärt.

Eindeutig um ein Porträt handelt es sich bei der von Hausmann geschaffenen Büste der zu Lebzeiten berühmten Schauspielerin Hermine Claar-Delia (I 183). Sehr ausdrucksvoll ist das Relief der 1906 verstorbenen Ida Fürstenberg (D 399), das eine heiter-gelassen blickende Frau im fortgeschrittenen Alter zeigt. Beide Frauen tragen individuelle, zeitgenössische Kleidung.

Meine »Favoritin« unter den Bildnissen von Frauen ist das schöne Porträt der zarten Emma Klostermann (F 1467), die im Alter von knapp 24 Jahren bei der Geburt ihrer Tochter Maria starb (auch das Kind starb kurz darauf).

Bemerkenswert das Grab der ebenfalls jung verstorbenen Elisabeth Steinhausen (E 725), das aus dem Jahre 1923 stammt und das daher – strenggenommen – nicht mehr zu unserem Thema gehört. Aber es handelt sich um eine sehr ungewöhnliche Grabplastik, nicht nur, weil sie eine Ähnlichkeit mit der Toten vermuten läßt, sondern vor allem, weil sie in der Form kirchlicher Wandgräber gestaltet ist und dabei auf den mittelalterlichen *gisant* zurückgreift, des auf dem Rücken liegenden Toten, der die Hände über der Brust gekreuzt hat. Es gibt einen

Büste der Hermine Claar-Delia (I 183)

Portrait der Emma Klostermann (F 1467)

zweiten, ebenfalls auf eine Tuba gebetteten *gisant* auf dem Frankfurter Hauptfriedhof: das Grab des Heinrich von Mülhens aus dem Jahre 1838, das heute an einem schönem Platz im Mittelfeld des Gewanns D plaziert ist, ursprünglich jedoch an der Mauer stand.

… von Männern …

Sind Porträtdarstellungen von Frauen ungewöhnlich, so sind – auch dies gilt nicht nur für Frankfurt – Bildnisse und Büsten von Männern weitaus zahlreicher. Vor einiger Zeit las ich die etwas ironische, möglicherweise zutreffende Bemerkung, Bürger, deren Berühmtheit nicht für ein öffentliches Denkmal ausreichte, hätten sich selbst eines aufs Grab gesetzt. Da das 19. Jahrhundert das »Jahrhundert des Denkmals« war, entsprach dies »der Kultur personaler Verehrung und der Wertschätzung des Individuums«. Und es entsprach auch Goethes Idealbild vom Grabschmuck, für den »immer das schönste Denkmal des Menschen eigenes Bildnis« war. Dies solle jedoch keine Maske sein, für die »ein Toter geschwind noch abgegossen« wurde, sondern ihn »in seiner besten Zeit« zeigen.

Die Porträtmedaillons und Büsten der ehrbaren, vertrauenswürdigen Stützen der Gesellschaft zeigen diese in der Tat in ihrer besten Zeit und in zeitgenössischer Kleidung, in einigen Fällen wohl auch ein wenig idealisiert. Erst in der zweiten Hälfte des 19. Jahrhunderts weisen viele Bildnisse individuellere Züge auf und wirken daher »realistisch«. Wir finden den gemütlichen älteren Herren (Hamburger, E 825, Medaillon von Hausmann) und den

Grab Puls (a. d. Mauer 465 b)

dynamischen Mann in den besten Jahren (Gustav Adolf Koch, F 1664), den pompösen Tragöden (Emil Schneider, G 625 und Alexander Barthel, F 1986) wie den genialen Tonkünstler (Wilhelm Hill, E 131, Büste von Hausmann). Auf den Grabsteinen wird, vor allem im ausgehenden 19. Jahrhundert, häufig der Beruf der Verstorbenen in symbolisierter Form dargestellt: für Musiker Lyren, für Schauspieler Masken, für Industrielle – allerdings sehr viel weniger symbolisch – ausgefeilte Szenen ihres Wir-

Grab Becker (F 1889)

kens (so die Gräber Rau, D 288 und Helfmann, E 774).
Auf dem Grab von Martin Eduard Staudinger (C 59),
einem entschiedenen Kämpfer gegen die Vivisektion, ist
ein pfötchengebender Hund abgebildet, und besonders
anrührend ist das Bildnis des im Alter von knapp 17
Jahren verstorbenen Gymnasiasten Karl Hof (F 1590),
der ein zugeschlagenes Buch in der Hand hält, das Bil-
dungseifer wie auch das, nunmehr geschlossene, Buch
des Lebens symbolisiert.

…und von Ehegatten

Noch seltener als Porträts von Frauen sind solche von
Eheleuten. Ein Beispiel sind die beiden Medaillons, die
Friedrich Rumpf, den Architekten der Bauten des Alten

Grab Emil Schneider (G 625)

Grab Alexander Barthel (F 1986)

Friedhofes und des Neuen Jüdischen Friedhofes, und seine Frau Elisabeth Louise im Profil einander zugewandt zeigen (a. d. Mauer 269 a). Besonders schön ist das Medaillon, in dem das Ehepaar Walther und Maximiliane vom Rath gemeinsam abgebildet ist (a. d. Mauer 449). Dieses Grabmal wurde allerdings erst 1933 entworfen.

Pflanzensymbolik

Das Medaillon der Vom Raths ist in einen bronzenen Lorbeerkranz eingelassen, der, ehemals Siegeszeichen der olympischen Kämpfer, uns ebenso wie der Kranz aus Eichenlaub als Zeichen des Ruhmes und der Auszeichnung heute noch vertraut ist. Auch der Palmwedel als Symbol des Friedens hat sich in der Grabmalskunst beständig gehalten, nicht zuletzt wohl, weil er auch auf den Sieg des Glaubens über den Tod verweist und sich daher mit der christlichen Auferstehungshoffnung verbinden läßt.

Die Grabmalskunst des 19. Jahrhunderts ist ohne Kränze aus Stein oder Metall nicht vorstellbar. Sie liegen auf den Gräbern, hängen an abgebrochenen Säulen, sind Gaben, die Grabengel und Trauernde in Händen halten. Kränze waren nicht nur Symbol für den in sich geschlossenen Lebenskreis, sondern galten auch als Schmuck der Seligen und, insbesondere wenn sie nur aus Rosen bestanden, als Tugendkranz, der ledig Verstorbenen aufs Grab gelegt wurde.

Wie in diesem Fall die Rose, so waren auch alle anderen Blumen nicht einfach Zierde, sondern Bedeutungsträger, was für ihre Abbilder aus Stein ebenso galt wie für die natürliche Friedhofs- und Grabbepflanzung. Seit jeher beliebt waren Eibe, Wacholder, Buchsbaum, Rosmarin, Thymian, Kümmel und Lauch, denen noch auf dem Peterskirchhof eine apotropäische (unheilabwendende) Wirkung zugeschrieben wurde. Efeu und Immergrün galten als Sinnbild von Unsterblichkeit und Auferstehung, das Vergißmeinnicht trug seine Symbolik schon im Namen und die Dreifarbigkeit des Stiefmütterchens sollte auf die Dreieinigkeit verweisen.

Im 19. Jahrhundert löste man sich allmählich von dem Aberglauben, mit Pflanzen Unheil abwenden zu können. Ihnen wurden neue Funktionen zugedacht. Entscheidend war nun neben ästhetischen Erwägungen die Symbolik von Pflanzen, denn obwohl Blumen, wie Bäume, generell als Unsterblichkeitssymbole galten, bestehen Kränze und Girlanden stets aus denselben, hier schon genannten Arten. Die Girlande hat – anders als der Kranz – keine eigenständige Bedeutung, der Symbolgehalt liegt allein in der Zusammenstellung der Pflanzen, zu denen, neben Efeu und Rosen, auch immer die Mohnkapsel als Sinnbild des Schlafes gehört.

Das Motiv der Mohnkapsel belegt, daß auch hier zahlreiche Anleihen bei der Antike gemacht wurden. Akanthus, in der antiken wie der gotischen Architektur als Dekoration bekannt, wurde mit Unsterblichkeit verbunden. Efeu war bereits auf Grabaltären der römischen Kaiserzeit die Pflanze des Totenreiches, und Winckelmann wies darauf hin, daß die Rose für die antiken Begräbnisstätten eine besondere Bedeutung hatte: »Der Tod, und zwar ein frühzeitiger, wurde durch eine Rose angedeutet, welche man auf dem Grabstein sieht.«

Eine Vase mit Mohnkapseln an einem Grabstein vor der Gruftenhalle

Symbole des Ewigen Lebens und der Wiedergeburt

Sie symbolisiert ebenso die Liebe der Hinterbliebenen wie die Jungfräulichkeit Mariens. Ist ein Grabstein mit nur einer Blume geschmückt, handelt es sich fast immer um eine Rose. Die Bedeutung des »frühzeitig beendeten« Lebens allerdings hielt sich nicht unverändert: Im 19. Jahrhundert war eines der vielen Symbole dafür die im Stiel *abgeknickte* Rose. Die welke Mohnblüte, wie sie beispielsweise auf der Stele der jung verstorbenen Emma Klostermann zu sehen ist, verbindet die Symbolik von Blume und Mohn.

Tiersymbolik

Auch Tieren kam eine Symbolik zu. Auf einigen Grabsteinen des Frankfurter Hauptfriedhofes erscheint ein Löwe als Wappentier – so auf dem rechten Teil des Bethmann-Hollweg-Reliefs als Hinweis auf die Stadt Florenz, wo der junge Bethmann-Hollweg gestorben war. (Der neben diesem dargestellte Flußgott Arno verweist ebenfalls auf Florenz.) Auf keinem Grab jedoch hat der Löwe eindeutig die Funktion, die er in der antiken Sepulkralkultur hatte. Dort war er Grabwächter. Das war auch der Greif – ein geflügeltes Fabeltier mit Löwenkörper und Adlerkopf. Dieser Greif taucht beispielsweise am Grab Rothhan auf: Die Sitzbänkchen ruhen auf jeweils zwei Greifen.

Eine sehr häufige Verzierung sind Schmetterlinge und Schmetterlingsraupen. Sie symbolisieren, da *psyche* im Griechischen sowohl Schmetterling als auch Seele bedeutet, die unsterbliche Seele, die den Körper verläßt. Schmetterlinge gelten auch als Bild des durch den Tod verwandelten Menschen, der Metamorphose ins Ewige oder als Darstellung der platonischen Auffassung vom Leib als irdischem Gefängnis.

In vielen Fällen ist ein Schmetterling von einem Kreis umgeben, der sich bei näherem Hinsehen als Schlange erweist, die sich in den Schwanz beißt – dies ist ein Hinweis auf den geschlossenen Lebenskreis. Manche Interpretationen sprechen davon, sie gebäre sich selbst durch den Mund, was zyklische Wiedergeburt und Kreislauf des Lebens andeutet. Auch ist sie wegen ihrer Häutung Sinnbild des sich selbst erneuernden Lebens, und, ähnlich der Verpuppung des Schmetterlings, Symbol ständiger Verwandlung.

Seltener und in ihrer Bedeutung viel unumwundener sind die Biene als Zeichen des Fleißes des Verstorbenen oder der Hund als Symbol der Treue. Es bleiben zwei christliche Tiersymbole zu nennen, die bis heute in der Grabmalskunst benutzt werden: Das Lamm, das die Schuld des Menschen trägt sowie die Taube mit ihrer vielfältigen Symbolik, deren eine der Heilige Geist ist.

Ein Symbol ganz eigener Art ist das Winkelmaß in einem Strahlenkranz, das, wie der Zirkel, das Zeichen der Freimaurer ist.

Die Kremation

Ein eindeutig antikes Todessymbol ist die gen Boden ge-
richtete Fackel des Thanatos als Zeichen der erlöschenden
Lebensflamme, die auch heute noch häufig allein auf den
Grabsteinen erscheint. Direkte Übernahmen aus antiken
Beisetzungsriten sind das Öllämpchen sowie die steiner-
nen Deckelvasen und Aschenurnen.

Diese Urnen, ursprünglich häufiger Bestandteil klassi-
zistischer Grabmäler, verweisen auf die Vergänglichkeit
des Lebens. Sie brachten es auf den Friedhöfen des
19. Jahrhunderts dann zu unglaublicher Beliebtheit.
Bevorzugt krönen sie freistehende Säulen und sind häufig
mit Tüchern, den sogenannten Velen (Trauerflor), bedeckt, die – wie ein zeitgenössischer Kritiker bissig be-
merkte – »in Gestalt eines nassen Handtuchs« an ihnen
herabhängen.

Die Beliebtheit dieser Aschenurnen und der Grabin-
schrift »Friede seiner Asche« ist um so verblüffender, als
sie auf den Gräbern von Erdbestatteten an sich gänzlich
unsinnig sind. Denn bis ins letzte Drittel des 19. Jahrhunderts wurde zwar in ganz Europa heftig über die
Vor- und Nachteile der Kremation gestritten, durchge-
führt aber wurde sie nirgends.

Karl der Große hatte das Verbrennen von Leichen unter Todesstrafe gestellt, da nur die Erdbestattung der
christlichen Lehre der Auferstehung des Fleisches entsprach. Im Mittelalter wurden ausschließlich Seuchen-
opfer verbrannt, und die Kirche, die ansonsten die Feuerbestattung verdammte, hieß deren Verbrennung nicht
nur gut, sondern ordnete sie ausdrücklich an.

*Zeitgenossen bezeichneten die Velen spöttisch als »nas-
se Handtücher«.*

Feuerbestattung war folglich antikirchlich, und nicht
zuletzt deswegen erschien sie der Aufklärung besonders
erstrebenswert. Hinzu kam neben ästhetischen Erwägungen, die den langsamen Zerfall des Leichnams zu
einer überaus unerquicklichen Vorstellung werden ließen,
auch die Angst vor dem Scheintod.

Natürlich beriefen sich die gebildeten Schichten in ihrem Wunsch nach Kremation ein weiteres Mal auf die
Antike, denn »der Klassizismus und die Rezeption der
Antike beschränkte sich nicht nur auf Formal-Ästheti-
sches, sondern versuchte gerade auch das Inhaltlich-Pro-
grammatische zu übernehmen«. Hier nun bezog man sich
auf die griechische und römische Idealvorstellung, nach
dem Tode auf einem hoch geschichteten Scheiterhaufen
verbrannt zu werden.

*Grab Karl Müller mit einer der originellsten Inschriften
des Friedhofs (G 1182 – 1182 a)*

MEIN EHRLICHES FORSCHEN
WIE DAS GLÜCK ICH ERHASCHE.
WARD GEKRÖNT VON ERFOLG
HIER LIEG ICH ALS ASCHE.

KARL MÜLLER
ARCHITEKT K.K. PROFESSOR
KAISERL. RAT.
WIEN
1846 - 1918.

2005 wurde die Urne gestohlen.

Zu den Befürwortern der Kremation gehörte Goethe, der bedauerte, daß »wir nicht mehr so glücklich sind, die Reste eines geliebten Gegenstandes eingeurnt an unsere Brust zu drücken«, ebenso Jacob Grimm, der 1849 vor der Akademie der Wissenschaften zu Berlin eine Vorlesung »Über das Verbrennen von Leichen« hielt.

Doch erst die technischen Entwicklungen des 19. Jahrhunderts ermöglichten den Bau von Öfen, die für die Kremation geeignet waren. Ab der Jahrhundertmitte bildeten sich Vereine zur Förderung der Feuerbestattung, 1876 entstand ein Krematorium auf dem Campo Santo in Mailand, die erste Feuerbestattung auf deutschem Boden fand 1878 in Gotha statt. Frankfurt folgte erst im Jahre 1912, als mit dem neuen Teil des Friedhofes auch ein auf dessen Gelände stehendes Krematorium eröffnet wurde. Dort wurden im ersten vollen Kalenderjahr (1913) 107 Feuerbestattungen vorgenommen.

Frankfurt mußte so lange auf ein eigenes Krematorium warten, weil in Preußen die Kremation erst im Jahre 1911 und nur mit strikten Beschränkungen erlaubt wurde. Davor ließen sich die Frankfurter in Offenbach verbrennen, das nicht zum preußischen Staatsgebiet gehörte und bereits seit 1891 ein Krematorium hatte, das allerdings erst 1899 in Betrieb genommen wurde. In Frankfurt erwähnt die Friedhofsordnung von 1895 erstmals die zulässige Beisetzung von Aschenresten, obwohl bereits zehn Jahre zuvor der Frankfurter Verein für Feuerbestattung gegründet worden war. Dieser kaufte im Jahre 1902 im Gewann B einen Begräbnisplatz zur Urnenbeisetzung, dem 1905 ein von Hausmann entworfenes »Neues Kolumbarium« folgte. Grundgedanke bei dessen Planung war vermutlich, daß es vor allem »würdig« aussehen sollte – mich allerdings erinnert es mehr an einen Brunnen. Urteilen Sie selbst: Sie finden es am Leichweg (dem Hauptweg vom Alten Portal zu den Grüften, der heute dezent als »Mittelweg« ausgeschildert ist) auf der rechten Seite im Gewann D.

Ebenfalls von Hausmann stammt das Gans'sche Mausoleum auf dem neuen Teil des Friedhofes. Dieses Mausoleum, ursprünglich als Grabstätte der Familie Gans geplant, ist eine originalgroße Nachbildung des von Bramante in San Pietro in Rom Anfang des 16. Jahrhunderts erbauten »Tempietto«, der angeblich dort steht, wo Petrus gekreuzigt wurde. Gans übereignete dieses 1909 erbaute Mausoleum dem hiesigen Verein für Feuerbestattung, der darin ca. 1500 Urnenplätze einrichtete. Der Verein hat sich inzwischen aufgelöst, sein gesamtes Vermögen ging in den Besitz der Stadt Frankfurt über.

Es gibt auf dem Friedhof übrigens einen Grabstein, dessen Text spöttelnd die Kremation erwähnt – was auch deswegen besonders amüsant ist, weil es sich um ein Erdgrab handelt. Auf der Stele des 1918 verstorbenen Karl Müller steht: *Mein ehrliches Forschen, wie das Glück ich erhasche, ward gekrönt von Erfolg, hier lieg ich als Asche.*

In der ovalen Nische stand eine Urne. Sie wurde 2005 gestohlen.

Grab Grumbach. Die Weiße Frau heute: Grau und ver-
stümmelt (F 2049–2051)

ANMERKUNGEN

11 – Zur »Geschichte des Todes im Abendland« hat Philippe Ariès drei Bücher veröffentlicht (siehe Literaturverzeichnis), die dieses Thema ebenso umfassend wie brillant behandeln. Sein Schwergewicht liegt auf dem französischen Raum, seine Darstellungen haben aber nicht nur für Frankreich Gültigkeit. Das Zentralinstitut für Sepulkralkultur in Kassel hat sich in seiner Forschungsarbeit bisher vor allem der deutschen Geschichte der Sepulkralkultur gewidmet, und dabei den Schwerpunkt auf den für dieses Thema wesentlichen Zeitraum 1750–1850 gelegt. Ergebnisse dieser Arbeit wurden durch verschiedene Publikationen zugänglich gemacht. Im Rahmen des Forschungsprojektes erstellte Fritz Althammer eine Fallstudie zu der Geschichte der Friedhöfe und des Bestattungswesens in Frankfurt. Die Studie ist unveröffentlicht, kann aber im Zentralinstitut in Kassel eingesehen werden.

11 – Zur Sterbeziffer: Ursache für diesen Rückgang ist vor allem die drastisch gesunkene Kindersterblichkeit. 1880 waren von 1638 auf dem Frankfurter Friedhof Beerdigten 766 Kinder unter 15 Jahren. Nebenbei sei vermerkt, daß von 1850–1881 ein Viertel aller Erwachsenen an Lungenschwindsucht starb – eine zeitgenössische Quelle macht dafür die rasche Verschlechterung der »Qualität der Bevölkerung« verantwortlich.

16 – Der kulturelle Stand der jeweiligen Gesellschaft: Boehlke, Einführung. In: Boehlke (Hrsg.) 1979, S. 2.

20 – Das großformatige Buch: Alle Angaben zur Literatur im Literaturverzeichnis.

22 – Heinz Schomann in: Erche, S. 6. Auf dem alten Teil des Hauptfriedhofes sind gegenwärtig 500 Objekte «patenschaftsfähig». Hinzu kommen etwa 300 Einzelgräber im neuen Teil. Näheres über Patenschaften erfahren Sie, wenn Sie auf der privaten Intersetseite www. frankfurter-hauptfriedhof.de den Link *Patenschaften* anklicken. Auskünfte gibt auch Frau Sibylle Mersinger vom Grünflächenamt (Abteilung Friedhofsangelegenheiten), Telefonnummer 212-36293).

22 – Inzwischen gibt es über einhundert Patenschaften: Der Status eines alten Grabes ist durch verschiedenfarbige Holzpflöcke gekennzeichnet: Ein blauer Holzpflock bedeutet, daß die Grabstätte denkmalgeschützt und eine Patenschaft möglich ist. Erhaltenswerte und käufliche Gräber haben einen gelben Pflock, ein roter Pflock schließlich zeigt ein Ehrengrab an oder eines, das aus anderen Gründen von den Mitarbeiter/innen des Friedhofs gepflegt werden. Die Kennzeichnung ist allerdings nicht lückenlos.

32 – Daß aber in den Jahrhunderten: Schweizer, S. 17.

35 – Familien, die in einer der Kirchen: Althammer, Unver. Studie.

35 – Damit die lebendigen Menschen: Zitiert in: Von vergessenen Friedhöfen und Gräbern, Frankfurter Zeitung, 2. 11. 1941.

35 – Im gleichen Jahr wurde auf Sachsenhäuser Seite der Dreikönigsfriedhof eröffnet, der im Jahre 1812 geschlossen und durch den »Sachsenhäuser Friedhof« an der Schifferstraße ersetzt wurde.

36 – Neben denen dereinst zu ruhen: Goethe, Die Wahlverwandtschaften, II/2, S. 464.

36 – Kein Erbbegräbnis: Theodor Fontane, »Meine Gräber«. In: Peter Maigier (Hrsg.), Besuch bei Toten, Frankfurt am Main 1985.

37 – Die widrigsten Mißstände ergäben: Beil 1828.

37 – Bei jedem neuen Grab: Hoffmann, Iris 1821, S. 17. Bei diesem Dr. Hoffmann handelt es sich übrigens nicht um den berühmten Struwwelpeter-Verfasser Dr. Heinrich Hoffmann. Der kam erst 1809 in Frankfurt zur Welt.

37 – Offenbar sei zudem, so mutmaßte Hoffmann, der »Todtengräbermeister dem platzsparenden Verpakkungssystem stark zugethan«, denn es war gang und gäbe, Kinder nicht in eigenen Gräbern, sondern auf den Särgen von Erwachsenen zu beerdigen; eine ebenso »tadelhafte wie eckelerregende« Begräbnisart, die durch die Platznot »kümmerlich genug entschuldigt werden« konnte. (Hoffmann 1821, Fußnote S. 14 f.). Generell wurden Gräber häufig zu flach ausgehoben, mit der Folge, daß Schweine und streunende Hunde Leichenteile ausscharrten.

38 – Die Gebeine eines uns im Leben lieb gewesenen: Geheimerat Willemer, Iris No. 4, 1821, S. 14.

38 – Die Unschicklichkeit der Lage: Beil 1828.

38 – Die auf Gräber gesonnten Betten: Hoffmann 1820, S. 13.

38 – Nur an zwei Tagen geöffnet: Althammer, Unver. Studie.

39 – Die Epitaphien der angesehendsten Familien: Hüsgen 1790, S. 590.

39 – Halb vermoderte Epitaphien: Hoffmann, Iris 1821, Fußnote S. 19.

39 – Die verdorbene (...) Luft: Hoffmann 1821, S. 11.

40 – Die weisesten Verordnungen: Hoffmann 1820, S. 14.

41 – Von einer christlichen Kultstätte: Schweizer, S. 117.

41 – et passim: Die Gesetzestexte sind, soweit nicht anders angegeben, zitiert aus: Polley 1984.

41 – Da bey der Begrabung: Steckner 1984, S. 11.

42 – Aber die in den Jahren 1812: Hoffmann 1834, S. 6.

42 – Das Feld, wo der Galgen: Frankfurter Jahrbücher, 8. Juli 1834, Nr. 19, Bd. 4.

42 – Daß dieses Gelände von den feuchten West- und Südwestwinden bestrichen wird: Frankfurter Jahrbücher 8. Juli 1834, S. 121 ff.; zitiert bei Erche, S. 11.

42 – Der einzige Spiel- und Tummelplatz: ebd.

43 – Ein besuchter Spielplatz: Beilage zur »Kleinen Presse«, 28. 8. 1887.

43 – Reichlich hundert Personen: Die Funde in der alten Peterskirche, in: Kleine Presse, 4. Dezember 1895.

43 – Blieben zahlreiche alte Grabsteine stehen: Leider verwahrloste die alte Begräbnisstätte zunehmend, bis die Stadt Frankfurt im Goethejahr 1999 dem Historischen Museum die wissenschaftliche und konservatorische Zuständigkeit für die Denkmäler des Peterskirchhofs übertrug. Mit Hilfe von Spenden wurden zunächst die Gräber von Goethes Eltern und einige andere für die Stadtgeschichte besonders bedeutsame und kunsthistorisch wertvolle Grabdenkmäler restauriert. Die Arbeiten halten noch an. Ausführliche Informationen zum Peterskirchhof finden Sie in Björn Wis-

senbachs Buch *Der Peterskirchhof – Ein historisches Kleinod in der Frankfurter City*, Frankfurt 2004; sowie auf der privaten Internetseite http://www.peterskirchhof.de.

44 – Die Mittags- und Abendwinde: Gmelin, zitiert bei Hoffmann 1820, S. 11.

44 – Den Winden zugänglicher: Riecke, S. 172.

45 – Inauguriert und seiner Bestimmung übergeben: Geistesblumen. Artikel in vier Folgen in: Beilage zu den Frankfurter Familienblättern, 21.9. bis 12.10.1873.

45 – Bemerkenswerth ist: Hoffmann 1834, S. 9.

45 – Heute befindet sich an dieser Stelle: »Dieser Gedenkstein wurde im Jahr 2003 zum 175. Jahrestag der Friedhofseröffnung angebracht.« Die Anregung hierzu stammte von Günter Moos, der seit 1982 außerordentlich kenntnisreiche und kurzweilige Führungen zu den Gräbern berühmter Frankfurter macht. Moos' Idee konnte dank der Großzügigkeit der Frankfurter Steinmetzfirma Hofmeister umgesetzt werden,, die die Platte stiftete und montierte. Die Firma Hofmeister stellt seit fast 150 Jahren Grabdenkmäler für den Friedhof her.

47 – Die Arbeiten zur Erleuchtung: Frankfurter Journal, 28.7.1828.

47 – Ein mit grauen Basaltsteinen: Hoffmann 1834, S. 9 f.

47 – Es liegt derselbe: Didaskalia, Nr. 357, 23. Dezember 1831.

47 – Indem wir einzutreten im Begriffe stehen: Hoffmann 1834, S. 10.

47 – In einem grossartigen Style: Beil 1828.

49 – Sie schmatzten, bissen: Poulain.

49 – Berichte über ein Schmatzen: Althammer, Unver. Studie. Daß dies nicht ausschließlich eine Eigenheit der hiesigen Toten, sondern ein verbreitetes Phänomen war, bezeugt ein im Jahre 1709 erschienenes Buch mit dem merkwürdigen Titel *De miraculis mortuorum* (Von den Wundern der Toten), verfaßt von dem deutschen Arzt Garmann. Ein Kapitel trägt (auf Lateinisch) den Titel: *Von Leichen, die in Grüften Geräusche nach Art fressender Schweine von sich geben, gewöhnlich auch* SCHMAETZENDE TODE. Dieses Kapitel inspirierte etwa 20 Jahre später Michael Ranfft zu einer – ebenfalls lateinisch abgefaßten – Abhandlung mit dem deutschen Untertitel: *Von dem Kauen und Schmatzen der Todten in Gräbern.* Ariès widmet diesem Phänomen in *Geschichte des Todes* sowie in seinem früheren Buch *Studien zur Geschichte des Todes im Abendland* eine ausführliche und sehr kurzweilige Betrachtung. Siehe: Ariès 1976, S. 177 ff und Ariès 1982, S. 451 ff.

50 – Die Furcht vor dem Scheintod: Ariès zeigt, wie und warum im 18. Jahrhundert die Vertrautheit mit dem Tod und den Töten schwand und sich in eine Todesangst verwandelte, die bis in unsere Zeit anhält. »Die Angst vor dem Scheintod war die erste akzeptierte und gebilligte Form von Todesangst.« (Ariès, 1976, S. 107).

50 – Indessen scheint gewiß zu seyn: Hoffmann 1834, Fußnote S. 22.

50 – Die Frage wegen Ungewißheit: Stricker, S. 119.

50 – Neu in der Friedhofsordnung von 1828 war jedoch folgende Regelung: »Um den bisherigen Mißstand der

zu frühen Ausfertigung der Todesscheine abzustellen, soll, zu Behuf der Einleitungen und Anzeigen bei den Behörden wegen der Beerdigung, künftig von dem Arzt erst ein vorläufige Anzeige des Sterbfalls unterfertigt, der Todesschein selbst aber erst dann ausgefertigt werden, wenn sich an der Leiche untrügliche Merkmale der Verwesung zeigen.« (Beil 1828).

50 – Nebst Plan und Ansicht: Stricker, S. 119 f.

51 – Ein einladender Zufluchtsort: Atzel, zitiert bei Boehlke 1979, S. 138.

51 – Eine große gewölbte Halle: Hoffmann 1834, S. 10.

51 – Das magische Licht: ebd.

51 – In der Mitte ein großes Kreuz: Didaskalia Nr. 357, 23. 12. 1831.

51 – Der Zweck des Leichenhauses: Beil 1828.

52 – Auch sollten etwaige Scheintote: Althammer, Unver. Studie.

52 – Die Bewachung des Wächters: Er mußte »eine eigends für denselben bestimmte Uhr stündlich richten, welches durch Druck auf eine Feder geschieht, wobei ein numeriertes Feld vorspringt, und sein Wachen bestätigt: welches aber nicht geschieht oder geschehen kann, wenn er den Moment verschlafen hat, wo ihm seine Pflicht gebietet die Feder zu drücken. Der Arzt und Verwalter dieser Anstalt findet somit bei seiner Visite die Felder leer, wo der Wächter seine Pflicht durch den Schlaf oder Unachtsamkeit versäumte.« (Frankfurt am Main wie es ist, S. 195.) Überhaupt gehörte es zu den Aufgaben des Friedhofs-Aufsehers, »bei Tag und Nacht die Todtenwärter fleißig zu inspiciren«

(Beil 1828). Ertappte er diesen dabei, das Zimmer verlassen zu haben, (»wenn ein Bedürfnis ihn dazu zwingt« mußte er zu Ablösung durch »die vorhandene Schelle seinen Cameraden« herbeirufen), beim Schlafen oder gar bei einem »Frevel, welcher von Seiten des Todtenwärters an einer Leiche verübt wird« (ebd.), war dies ein Grund für seine umgehende Entlassung.

52 – Spiegel vor dem Munde der Leichen: Frankfurt am Main wie es ist, S. 194.

52 – Die hier beigesetzten Leichen: Beil 1828.

53 – Mehrere Kasserollen: Hoffmann 1834, S. 13.

53 – Boehlkes Kommentar: 1979, S. 139.

54 – In Hinsicht seiner Kenntnisse: Beil 1828.

54 – Wenn Leichen im Leichenhaus: ebd.

54 – Das einmalige Klingeln der Glocke: Ohlenschlager 1881, S. 407.

54 – Die Leiche bei Wiederbelebung: Hoffmann 1834, S. 12.

54 – Eine besonders eifrige – und erfolgreiche – Kämpferin für den Bau von Leichenhäusern war die Dichterin Friederike Kempner. Mit von ihr ernst gemeinten, doch sehr erheiternden Gedichten wie: *Ein Leichenhaus, ein Leichenhaus, / Ruft er aus vollem Halse aus, / Wir wollen nicht auf bloßen Schein / Beseitigt und begraben sein!* (Kempner, S. 51) focht die »schlesische Nachtigall« in der zweiten Hälfte des 19. Jahrhunderts für ihre Errichtung. Aber sie traute ihnen offenbar nicht, da sie testamentarisch verfügte, in ihrem Sarg solle, ebenso wie in denen ihrer Familienangehörigen, ein Klingelknopf eingearbeitet werden, mit dem – gegebenenfalls – der Friedhofswärter zur Ret-

tung herbeigeholt werden konnte. Siehe auch den von Gerhart Herrmann Mostar herausgegebenen Band: Friederike Kempner, Der schlesische Schwan, München 1965.

55 – Daß nicht gezweifelt werde: Intelligenz-Blatt der freien Stadt Frankfurt vom 25.6.1828.

55 – Aufgrund der Zunahme von Aufbahrungen wurde 1891 am nordwestlichen Ende des Friedhofes eine neue Leichenhalle mit 28 Einzelzellen eröffnet, die bis zur Einweihung des Neuen Portals im Jahre 1912 in Gebrauch war. Erst im Jahre 1905 wurde für die großen Städte Preußens eine Verordnung erwogen, nach der aus gesundheitlichen Gründen jeder Leichnam spätestens 48 Stunden nach Eintritt des Todes in eine Leichenhalle überführt werden mußte. 1911 führte Preußen die obligatorische Leichenschau ein (was Bayern bereits 1760 getan hatte).

56 – Dennoch kam sie dieser »Ersatz« teuer zu stehen: Erche, S.16.

56 – In jeder der fünfundfünfzig Grüfte: Eine zeitgenössische Quelle nennt vierundzwanzig Leichen pro Gruft, doch dies ist sicherlich ein Irrtum.

56 – Am Ende der rechten Seite: Beil 1828.

57 – Der südliche Teil der Halle wurde im Jahre 1944 von Bomben getroffen: Bettina Erche berichtet Folgendes: »Merkwürdig mutet der Vorschlag aus dem Jahr 1942 an, einen Durchgang zum Jüdischen Friedhof zu schaffen, indem man die Rückwand der Gruft 29 niederreißen wollte. [...] Wahrscheinlich beabsichtigte man den Judenfriedhof dem christlichen Begräbnisplatz einzuverleiben.« (Erche, S.347, Fußnote 171.)

57 – Das Fleckchen Erde, wo in Gottes freier Natur: Kirchner, S. 107.

57 – Wohlthuend ist es: ebd.

58 – Ein melancholischer Garten: Hirschfeld, Bd. V, S. 119.

58 – Das Ganze muß: ebd.

58 – Auf die Erweckung: ebd.

59 – Bei Pflanzungen auf den Kirchhöfen: Riecke, S. 202.

59 – Bäume behindern: Gmelin, zitiert bei Steckner 1979, S. 148.

59 – Rinz soll auch einige bereits vorhandene Bäume: Bis März 2006 herrschte die Ansicht vor, daß die gewaltige Rotbuche vor der Gruftenhalle aus der Zeit vor Errichtung des Friedhofs stamme und folglich von Rinz bei seiner Gestaltung des Friedhofs einbezogen worden sein müsse. Diese Buche – Frankfurters Naturdenkmal Nummer 8 – mußte zum großen Kummer aller Friedhofsliebhaber am 14. März 2006 gefällt werden. Das Zählen der Jahresringe ergab, daß der Baum »nur« etwa 150 Jahre alt, also jünger als der Friedhof war.

60 – Die so entstandenen vier Felder: Nach Erche fand diese Aufteilung um 1840 statt (Erche, S. 19)

60 – Die freudenlose Unbeweglichkeit: Hirschfeld, Bd. V, S. 118.

60 – Da sie mit ihrem weißen Stamm: Quell/Hesse.

61 – Kastanien, um deren Stämme: Didaskalia Nr. 357, 23. 12. 1831.

61 – Erfahrungsgemäß dulden Kastanien: Althammer 1979, S. 169

61 – Ein lichter freundlicher Garten: Didaskalia Nr. 357, 23. 12. 1831.

61 – Ein Menge einheimische und fremde Besucher: Frankfurt am Main wie es ist, S. 196.

62 – Höchst selten: Riecke, S. 85 f.

62 – Die heilige Melancholie des Ortes: Hirschfeld, Bd. V, S. 118.

62 – Bereits um die Jahrhundertmitte: Althammer, Unver. Studie.

62 – Die wundersame Wildniß: Didaskalia Nr. 35, 10. 2. 1857.

65 – Jede Leiche, ohne Unterschied: Beil 1828.

65 – Das Blasen von den Thürmen: ebd.

65 – Die Friedhofkommission schuf eine neue: Hoffmann 1834, S. 8.

68 – Bei weitem minder kostspielig: Didaskalia Nr. 360, 25. 12. 1828.

68 – Ein einheitliches Begräbnis: Die Organisation des Bestattungswesens, 1921.

69 – 6 Schuh tief: Beil 1828.

70 – Wenn ein Familienbegräbnis ganz belegt ist: ebd.

71 – Der Mittelstand des 19. Jahrhunderts: Schweizer, S. 155.

71 – Drei Metzgermeister und zwei Weinwirthe: Hoffmann, 1834.

73 – Die Ausbildung der Rückwand: Brief von Prof. Varnesi an die Friedhofs-Commission: Gräberakten im Besitz des Grünflächenamtes. Bescheid der Commission ebd.

76 – Welche die sterblichen Hüllen: Hoffmann 1834, S. 11.

76 – Von den Grüften standen noch viele leer: Ohlenschlager, S. 407.

76 – Die nachtheilige Nässe des Bodens: Riecke,
S. 202.

76 – Die Gebeine sichtbar auf dem Boden: Althammer,
Unver. Studie. 95

78 – Meine ursprüngliche Absicht: Ariès, 1976, S. 10

81 – und folgende: Wenn nicht anders angegeben, stammen die Zitate aus den Gräberakten im Besitz des
Grünflächenamtes.

88 – Diese besonders schöne Marmorgruppe von Hausmann: Erche, S. 350, Fußnote 29.

93 – Das Motiv des nackten Jünglings, Erbe S. 56.

100 – Am Pfingstwochenende 1996 wurde die rechte,
besser erhaltene Figur: Diese Galvanofiguren haben
einen Gipskern. Sie sind schwer. Solche Diebstähle sind
nur möglich mit einem entsprechenden Hebekran, mit
denen man mit einem Auto auf dem Friedhof fahren
muß – und die Genehmigung dafür haben nur Firmen,
die regelmäßig dort arbeiten.

103 – Sie stammte von einem abgeräumten Grab: Es ist
gut zwanzig Jahren her, seit ich diese Figur im (seit
langem aufgelösten) Steinlager gesehen habe. Dort standen auch weitere, gut erhaltene steinerne »Grabengel«.
Ich glaube kaum, daß der Denkmalschutz heute der
Auflösung solcher Grabmale zustimmen würde.

110 – Die beiden Figuren stellen die Heilige Cäcilie dar:
Vorbild für die linke Plastik war die Statue der »Hei-
ligen Cäcilie« von Stefano Maderno in der römischen
Kirche Santa Cecilia in Trastevere. (Erche, S. 55) »Die
Plastik in der rechten Nische ist eine seitenverkehrte,

In den achtziger Jahren gab es ein Steinlager für abge-
räumte Grabsteine. Es wurde aufgelöst; was aus diesen
beiden und andere Figuren geworden ist, läßt sich nicht
mehr feststellen.

dreidimensionale Umsetzung der Figur aus Raffaels gleichnamigem Gemälde. (ebd., S. 127)

110 – Epitaph der Familie vom Rath: Im Frühjahr 2006 klemmte hinter der Urne ein Steinkreuz. Das gehört natürlich nicht dorthin, möglicherweise bekrönte es ursprünglich den Rundbogen der Stele.

115 – Die Figürchen wurden 1986 gestohlen: Bettina Erche, S. 351, Fußnote 141.

117 – Es gibt viele empfindsame Seelen: Geistesblumenlese, 21.9.1873.

119 – Hellblinkende weiße Kreuze: Hoffmann 1834, S. 10.

120 – Auf der Orgelempore der Katharinenkirche: Der Grabstein Schwind mit dem Springenden Tod war vie-

Grab Grumbach. *Zwei alternative Vorschläge aus der*
Grabakte

le Jahre lang an der Außenmauer der Kirche angebracht. Leider stand die Kostbarkeit aus Sandstein dort
zu exponiert. Nach einer aufwendigen Restaurierung
wurde das Grabmal auf die Orgelempore im Kirchen-
inneren gebracht. Wer die Kirchenaufsicht darum bittet, kann sich den Stein auf der Empore ansehen.

123 – Gegen Ende des 16. Jahrhunderts: Ariès 1984, S. 184.

126 – Die Gruppe von San Ildefonso: Sie steht heute im
Prado. Einige Kunsthistoriker unserer Tage vertreten
die Ansicht, bei Lessings Interpretation dieser geflügelten Gestalten als »Thanatos« handele es sich um ein
gewaltiges Mißverständnis. Siehe dazu: Hartmann.

188

Project I.

DENKMAL für die FAMILIE EVGEN GRUMBACH.

GEW· F· №̱ 2049, 2050, 2051.

Dieser Entwurf wurde nicht ausgeführt

126 – Wenn also irgendwohin, so gehört der Engel: J. G. Herder, Wie die Alten den Tod gebildet. Ein Nachtrag zu Lessings Abhandlung desselben Titels und Inhalts. Zitiert bei Hartmann, S. 21 et passim.

127 – Am meisten entzückt uns: Goethe, Dichtung und Wahrheit, II / 8, S. 265.

127 – Lieblich sieht er zwar aus: Zitiert bei Hartmann, S. 24.

128 – Idealfigur mit Krantz und Wanderstab: Wollweber.

128 – Die Metapher des Schlafs: Volp, S. 8. Hervorhebung im Original.

129 – Die Trauer über den unersetzlichen Verlust: Noch bis zum Anfang des 19. Jahrhunderts war tiefe Trauer über den Tod eines Familienangehörigen durchaus unüblich. Die Gründe für den Wandel von Gefühlsbindungen innerhalb der Familie liegen in den veränderten Lebensbedingungen begründet, die die industrielle Revolution mit sich brachte. Siehe zum Beispiel: Ariès, Geschichte der Kindheit, München 1975; E. Shorter, Die Geburt der modernen Familie, Reinbek 1977; G. Schmidt, Das große DER DIE DAS – über das Sexuelle, Herbstein 1986.

129 – Zum Schlaf der Toten: In vielen Sprachen geht die Bezeichnung für den Friedhof: Cimetière, Cemetery, Cimeterio auf das griechische koimeterion zurück, das Begräbnisstätte, aber auch »Ort des Schlafes« bedeutet.

130 – Die weite Entfernung hindere: Didaskalia Nr. 35, 10. 2. 1857.

133 – Die Auswahl des Materials: Prasser, S. 21.

134 – Gußeiserne Kreuze: Seib, S. 35.

138 – Zentralbau der Neogotik: Aus einer Stellungnahme des Frankfurter Denkmalschutzes. Gräberakten im Besitz des Friedhof- und Bestattungsamtes.

138 – Wie Bloch es treffend ausdrückt: Bloch 1976, S. 12.

138 – Der Findling konnte auch ein Baumstammkreuz tragen: Erche, S. 44.

140 – Männer der Kirche wetterten: Zitat bei Zacher 1982, S. 97.

141 – Sie greift auf die antike Vorstellung zurück: Seib, S. 30.

142 – Antike Sinnbilder umgedeutet: Boehlke 1984, S. 17.

147 – Doch wenn aus dem Auge trübe. »Nach dem handschriftlichen Vermerk F. Hausmanns auf dem Photo des Modells, war Carl Heinz ein »lyrischer Dichter«. Er ist der Autor des Gedichts.« Erche, S. 357, Fußnote 364.

147 – Deutlicher, als in dieser Umgebung: Evers, S. 156.

148 – Sie sollen den Betrachter ins Bild ziehen: Rietschel, S. 99.

148 – Die schönen Frauenfiguren: Zacher 1982, S. 137.

148 – Die Allegorien an barocken Grabmälern: Zacher 1980, S. 433.

148 – Personifikation von Trauer: Bloch 1976, S. 13.

148 – In Stein festgehaltenes lebendes Bild: Steckner 1984, S. 59.

148 – Personifikation der Auferstehungshoffnung: Bloch 1978, S. 75.

148 – Auferstehungsleib der Verstorbenen: Steckner 1984, S. 67.

150 – Zum Wandel vom männlichen zum weiblichen Todesbild: Ich habe lediglich einen Artikel gefunden, der sich diesem Aspekt widmet: Michel Vovelle: L'imaginaire collectif des cimetières méridionaux, in: Monuments Historiques, No. 124, Dezember 1982 / Januar 1983, S. 9–19.

150 – Die soziale Rolle des Mannes: Christina von Braun, Zum Sterben muß man geboren sein. Filmbeitrag für die ARD, Hessischer Rundfunk, Erstausstrahlung 11. 9. 1980.

150 – Leichtbekleidete Frauengestalten als Grabschmuck finden sich in vorwiegend katholischen Ländern, mitunter auch auf Gräbern unserer Tage.

151 – Sie steht u. a. auf den Friedhöfen in Hamburg-Ohlsdorf, Aschaffenburg, Erche, S. 310.

151 – Die Verlegung des Grabes Bockenheimer: Erche, S. 52 sowie S. 145, Fußnote 145.

153 – Der mittelalterliche gisant: Ariès 1984, S. 308 ff.

156 – Dies entspricht der Kultur personaler Verehrung: Rietschel, S. 102.

156 – Das schönste Denkmal: Goethe, Die Wahlverwandtschaften, II/1, S. 460.

162 – Der Tod, und zwar ein frühzeitiger: Winckelmann, zitiert bei Kammerer-Grothaus, S. 135.

166 – Die platonische Auffassung vom Leib: Rietschel, S. 97.

167 – In Gestalt eines nassen Handtuchs: Zitiert bei Zacher 1982, S. 97.

168 – Der Klassizismus und die Rezeption der Antike: Wie die Alten den Tod gebildet, 1981, o. S.

169 – Goethe bedauert: Die Wahlverwandtschaften, II/1 S. 459.

172 – Mein ehrliches Forschen: Laut Erche ist dies ein »Wiener Grabspruch«. Erche, S. 313 o

Gräberakten

LITERATUR

Althammer, Fritz: Aus der Geschichte des Frankfurter Hauptfriedhofes. In: Frankfurter Wochenschau, Sonderheft Frankfurter Friedhöfe, März 1965, S. 4–7.

ders.: Nekropole im Wandel der Zeiten. Die Grabmale des Frankfurter Hauptfriedhofes. In: Archiv für Frankfurter Geschichte und Kunst 1978, Heft 56.

ders.: Friedhofsentwicklung in Frankfurt/Main. Kurzfassung einer Fallstudie. In: Boehlke 1979, S. 167–170.

ders.: Das Frankfurter Begräbniswesen vom Barock bis zur Romantik. Unveröffentlichte Fallstudie o. J. Manuskript im Besitz des Zentralinstituts für Sepulkralkultur, Kassel.

Ariès, Philippe: Studien zur Geschichte des Todes im Abendland. Übers. von Hans-Horst Henschen. München 1976 (zitiert aus: München 1981).

ders.: Geschichte des Todes. Übers. von Hans-Horst Henschen und Una Pfau. München 1982.

ders.: Bilder zur Geschichte des Todes. Übers. von Hans-Horst Henschen. München, Wien 1984.

Atzel, Jakob: Über Leichenhäuser vorzüglich als Gegenstand der schönen Baukunst betrachtet. Mit vier Kupfern. Stuttgart 1796.

Beil, J. A.: Der neue Friedhof von Frankfurt a. Main nebst allen darauf Bezug habenden amtlichen Verordnungen und Zeichnungen. Frankfurt a. Main 1829.

Beilage zu den Frankfurter Familienblättern, Nos. 221, 228, 234, und 240, 1873: »Geistesblumenlese, gepflückt auf einer Wanderung über den vaterstädtischen Friedhof im Mai 1873«. Von J. G. D.

Bloch, Peter: Grabmäler in Berlin I. Berliner Forum 9/1976.

ders.: Grabmäler in Berlin II. Berliner Forum 2/1978.

Boehlke, Hans-Kurt (Hrsg.): Wie die Alten den Tod gebildet. Wandlungen der Sepulkralkultur 1750–1850. Kasseler Studien zur Sepulkralkultur, Band 1, 1979.

ders.: Über das Aufkommen der Leichenhäuser. In: Boehlke, 1979, S. 135–146.

ders.: Vorwort zu Vom Kirchhof zum Friedhof, Kassel 1984.

Didaskalia, 23.12.1831, Nr. 357 und 10.2.1857, Nr. 35.

Die Organisation des Bestattungswesens in Frankfurt am Main und die Durchführung der Kommunalisierung. Mit einer Einführung über Geschichte und Recht im Bestattungswesen. Hrsg. vom Städt. Friedhofsamt, Frankfurt am Main 1921.

Erche, Bettina u.a.: Der Frankfurter Hauptfriedhof. (Beiträge zum Denkmalschutz in Frankfurt am Main Band 11. Supplementband zur Denkmaltopographie Stadt Frankfurt am Main). Frankfurt 1999.

Evers, Hans-Gerhard: Plastik. In: Zeitler (Hrsg.): Die Kunst des 19. Jahrhunderts, Berlin 1966, S. 153–169.

Fontane, Theodor: Meine Gräber. In: Peter Maigier (Hrsg.): Besuch bei Toten, Frankfurt 1985, S. 99 f.

Frankfurt am Main wie es ist. Leipzig 1831.

Frankfurter Journal. 28. Juni 1828 und 28. April 1905.

Gmelin: Lehren von der Luft, und deren Anwendung auf Arzeneykunst. Berlin 1784.

Goethe, Johann Wolfgang: Die Wahlverwandtschaften. In: Gesammelte Werke in sieben Bänden, Hrsg. Bernt von Heiseler, Gütersloh 1962, Band 5.

ders.: Hermann und Dorothea. In: Gesammelte Werke in sieben Bänden, Hrsg. Bernt von Heiseler, Gütersloh 1962, Band 3.

ders.: Dichtung und Wahrheit. In: Gesammelte Werke in sieben Bänden. Hrsg. Bernt von Heiseler, Gütersloh 1962, Band 6.

Hartmann, Jörgen Birkedal: Die Genien des Lebens und des Todes. Zur Sepulkralikonographie des Klassizismus. In: Römisches Jahrbuch für Kunstgeschichte, Band Zwölf, 1969, S. 9–32.

Hirschfeld, Christian Cay Lorenz: Theorie der Gartenkunst. Nachdruck der Ausgabe Leipzig 1779–1780. Mit einem Vorwort von Hans Formitti, Hildesheim 1973.

Hoffmann, Hofrath Med. Dr. G. F.: Ueber Kirchhöfe, Begräbnisplätze und deren zweckmäßige Anlage. Frankfurt am Main 1820.

ders.: Mein letztes Wort über die Verlegung des Kirchhofs und seine neuesten Fürsprecher. Frankfurt am Main 1821.

ders.: Einige Schlußbemerkungen zur endlichen beruhigung der Gemühter über eine wichtige nun entschiedene Sache. In: Iris Nr. 5, 28. Januar 1821.

ders.: Skizzierte Geschichte und Beschreibung des Friedhofes zu Frankfurt am Main nebst einigen gemeinnützigen Bemerkungen. Frankfurt am Main 1834.

Hüsgen, Heinrich Sebastian: Artistisches Magazin. Frankfurt am Main 1790.

Kammerer-Grothaus, Heike: Antikenrezeption und Grabkunst. In: Vom Kirchhof zum Friedhof, S. 125–136.

Kempner, Friederike: Sie wissen, was ich meine… Gedichte von Friederike Kempner. Frankfurt am Main, Olten und Wien 1983 (Erstauflage etwa 1880).

Kirchner, Anton: Ansichten von Frankfurt am Main. Frankfurt am Main 1818. Unveränderter Nachdruck Frankfurt am Main 1982.

Krempin, Peter: Der Friedhof von Genua ist mehr als eine letzte Ruhestätte. In: Ärztliches Reise und Kultur Journal, 12/85.

Lessing, Gotthold Ephraim: Wie die Alten den Tod gebildet. Eine Untersuchung. Hrsg. von Ludwig Uhlig, Stuttgart 1984. Original: Berlin 1769.

Moos, Günter. Wegweiser zu den Grabstätten bekannter Persönlichkeiten auf Frankfurter Friedhöfen; Pfeiffer-Druck & Verlag, 65843 Sulzbach. Das Büchlein kann bei der Genossenschaft der Friedhofsgärtner eG, Ekkenheimer Landstr. 192 (neben dem »Neuen Portal«) erworben oder über E-Mail bestellt werden: guenter.moos@t-online.de.

Ohlenschlager, Dr. med. F.: Friedhoefe und Friedhofscommission. In: Dr. Alexander Spiess (Hrsg.): Frankfurt am Main in seinen hygienischen Verhaeltnissen und Einrichtungen. Frankfurt am Main 1881.

Prasser, Artur: Wir sind selbst schuld – Gedanken zu den Friedhöfen unserer Zeit. In: Garten und Landschaft, 1/1965, S. 20f.

Polley, Rainer: Das Verhältnis der josephinischen Bestattungsreformen zu den französischen unter dem Ancien Régime und Napoleon I. In: Vom Kirchhof zum Friedhof, Kassel 1984, S. 108–123.

Poulain, Marc: Die Angst vor den Toten. In: Die Angst vor dem Tod, Katalog zu einer Ausstellung des Zentralinstitutes für Sepulkralkultur Kassel, Kassel 1980, S. 50.

Quell, Renate und Ellinor Hesse: Friedhof und Grabmal in der Romantik. Examensarbeit Kassel 1978.

Reichensperger, A.: Der Kirchhof. In: Fingerzeige auf dem Gebiete der kirchlichen Kunst. Leipzig 1855, S. 95–101. Zitiert in Zacher 1982.

Riecke, Victor Adolf: Über den Einfluß der Verwesungsdünste auf die menschliche Gesundheit und über die Begräbnisplätze in medicinisch-polizeilicher Beziehung. Stuttgart 1840.

Rietschel, Christian: Grabsymbole des frühen Klassizismus. In: Boehlke 1979, S. 95–104.

Schweizer, Dr. Johannes: Kirchhof und Friedhof. Eine Darstellung der beiden Haupttypen europäischer Begräbnisstätten. Linz an der Donau 1956.

Seib, Gerhard: Exemplarische Darstellung einer Fallstudie am Beispiel der Friedhöfe in Kassel. In: Vom Kirchhof zum Friedhof, S. 19–48.

Steckner, Cornelius: Über die Luftangst. In: Boehlke 1979. S. 147–150.

ders.: Museum Friedhof. Bedeutende Grabmäler in Berlin. Berlin 1984.

Stricker, Wilhelm, D. M.: Geschichte der Heilkunde und der verwandten Wissenschaften in der Stadt Frankfurt am Main. Frankfurt am Main 1847.

Volp, Rainer: Der Tod im Leben, Todesanschauung um 1800. In: Boehlke 1979, S. 7–16.

Vom Kirchhof zum Friedhof. Wandlungsprozesse zwischen 1750 und 1850. AG Friedhof und Denkmal e. V., Kassel, Kasseler Studien zu Sepulkralkultur, Bd. 2, 1984.

Wie die Alten den Tod gebildet. Katalog zu einer Ausstellung des Zentralinstituts für Sepulkralkultur, Kassel 1981.

Willemer: Iris Nr. 4, 1821.

Wissenbach, B: Der Peterskirchhof – Ein historisches Kleinod in der Frankfurter City, Frankfurt 2004.

Wollweber, V: Führer durch die neuen Frankfurter Friedhöfe. Frankfurt am Main, o. J. (ca. 1905 / 06).

Zacher, Inge: Friedhofsanlagen und Grabmäler der kommunalen rheinischen Friedhöfe. In: Eduart Trier und Willy Weyres (Hrsg.): Kunst des 19. Jahrhunderts im Rheinland, Bd. 4, Düsseldorf 1980, S. 385–442.

dies.: Düsseldorfer Friedhöfe und Grabmäler. Begräbniswesen und Brauchtum im 19. Jahrhundert. Düsseldorf 1982.

Internetseiten

www.frankfurter-hauptfriedhof.de

http://de.wikipedia.org/wiki/Hauptfriedhof_Frankfurt (Dieser Artikel wurde in die Liste exzellenter Wikipedia-Artikel aufgenommen.)

www.peterskirchhof.de

www.sepulkralmuseum.de

Abbildungsverzeichnis

Utensilien für die Verwaltung eines Friedhofs, der für viele auch ein Arbeitsplatz ist.

Grabstätten bekannter Persönlichkeiten, ausgewählt von Günter Moos

Adickes, Franz Bourchard Ernst (1846–1915)
Frankfurter Oberbürgermeister von 1890 bis 1912. Ehrenbürger der Stadt Frankfurt am Main. Er war der Schöpfer einer neuen Bauordnung als Muster für ein späteres Gesetz über Grundstückzusammenlegung und Enteignung, die sogenannte »Lex Adickes«. Mitbegründer der Johann Wolfgang Goethe-Universität. In seine Amtszeit fielen der Bau der Festhalle, des Osthafens, die Altstadtdurchbrüche, die Gründung des Völkerkundemuseums und der Skulpturensammlung im Liebieghaus. Im Volksmund wurde er »Der lange Franz« genannt, wie auch der große Rathausturm in Erinnerung an Adickes heute noch »Der Lange Franz« genannt wird. Sein Grabmal schuf der Bildhauer Johann Belz. (*Gewann II GG 24 Plan Nr. 35*)

Adorno, Theodor W. Prof. Dr. (1903–1969)
Philosoph, Soziologe und Musikwissenschaftler. Ordinarius für Philosophie und Direktor des Instituts für Sozialforschung an der Johann Wolfgang Goethe-Universität. Inhaber der Goethe-Plakette der Stadt Frankfurt am Main. Von seinen wissenschaftlichen Arbeiten sind vor allem die »Philosophie der neuen Musik«, die »Einleitung in die Musiksoziologie«, »Klangfiguren«, »Aspekte der Hegelschen Philosophie« sowie ein Buch über Gustav Mahler zu erwähnen. Sein letztes Werk war die »Minima Moralia«. (*Gewann K 119 Plan Nr. 23*)

Alzheimer, Alois, Dr. med. (1864–1915)

Der in Marktbreit (Bayern) geborene Gehirnpathologe war von 1887–1901 als Arzt an der Frankfurter »Irrenanstalt« beschäftigt und ab 1912 als Ordinarius in Breslau, wo er auch starb. Er lieferte neue Aufschlüsse über krankhafte Gewebeveränderungen im Gehirn und trug wesentlich zur Erkenntnis und Unterscheidung psychischer Krankheitsbilder bei. Die Alzheimersche Krankheit ist nach ihm benannt. (*a. d. Mauer 447a Plan Nr. 18*)

Ammerschläger, Alois (1913–1995)

Unternehmer, Mäzen. Der Aschaffenburger Arztsohn gründete 1948 auf der Zeil ein Bekleidungshaus, aus dem das Modehaus Ammerschläger KG hervorging. Er engagierte sich für den Wiederaufbau der Alten Oper und war Förderer des Frankfurter Sports. 1992 erhielt er für seine vielfältigen sozialen Aktivitäten die Ehrenplakette der Stadt Frankfurt. 1993 Gründung der Alois Ammerschläger Stiftung. Wenige Tage nach dem Eintrag in das Ehrenbuch der Frankfurter Stifter starb der großherzige Mäzen. (*Gewann A 283 Plan Nr. 3*)

Arndt, Rudi (1927–2004)

Jurist, Politiker; seit 1945 Mitglied der SPD. 1952–56 Stadtverordneter in Frankfurt am Main, ab 1956 Mitglied des Hessischen Landtags. Vorsitzender der SPD-Fraktion, 1964–1970 Hessischer Minister für Wirtschaft und Verkehr, von 1970–1971 Finanzminister. Von 1971–1977 Oberbürgermeister der Stadt Frankfurt am Main, von 1979–1989 Mitglied des Europaparlaments. (*Gewann II 203b Plan Nr. 42*)

Bärenz, Anne (1950–2005)

Geboren in Hainstadt bei Seligenstadt. Bereits mit fünf Jahren machte Anne Bärenz ihre ersten Klavierübungen und erhielt mit sieben Jahren Unterricht; später studierte sie Klavier an der Frankfurter Hochschule für Musik. In den 90er Jahren spielte sie zusammen mit ihrem Lebensgefährten, dem Cellisten Frank Wolff, mit Jos Rinck und Willli Kappich im Frankfurter Kurorchester eine abwechslungsreiche Mischung aus Rock, Blues, Jazz und klassischen Elementen. (*Gewann V 774 Plan Nr. 45*)

Beltz, Matthias (1945–2002)

Matthias Beltz galt als einer der bekanntesten Kabarettisten Deutschlands. Er war Mitbegründer des Frankfurter Tigerpalasts. In den 70er Jahren gehörte er zusammen mit Joschka Fischer und Daniel Cohn Bendit zu den Protagonisten der Frankfurter Hausbesetzerszene. (*Gewann XIII GG48 Plan Nr. 48*)

Gedenkstätte Berking, Willy. (1910–1979)

Komponist und Dirigent. Von 1946 bis 1972 Leiter des Tanzorchesters von Radio Frankfurt bzw. des Hessischen Rundfunks, das er aufgebaut hatte. Er komponierte viele noch heute bekannte Melodien. Durch den »Frankfurter Wecker«, eine populäre Hörfunksendung des HR in den 50er Jahren, die er musikalisch begleitete, wurde Berking weit über die Grenzen Frankfurts hinaus bekannt. Auch die Fernsehsendungen Hans Joachim Kulenkampffs begleitete er mit seinem Orchester. Berkings ursprüngliche Ruhestätte, ein Reihenurnengrab, dessen Nutzungsrecht nicht verlängert werden konnte, befand sich in Gewann XXV, Reihe 36, Nr. 4. Die Ruhefrist war 1999 abgelaufen. Ein Freundeskreis Willy Berking rettete die Grabplatte vor der Abräumung und richtete mit Hilfe des Grünflächenamtes die Gedenkstätte ein. (*a. d. Mauer 339 a Plan Nr. 16*)

Boehle, Fritz (1873 – 1916)
Maler, Radierer und Bildhauer. Besonderen Anklang fanden seine Radierungen, in denen er das Leben der Landbevölkerung und der Mainschiffer in derben, dekorativen Formen darstellte. Er schuf außerdem Plastiken, so u. a. einen Entwurf für ein Denkmal Karls des Großen und die Stierplastik im Günthersburgpark. (*Gewann XII 1 Plan Nr. 47*)

Brundert, Willi (1912 – 1970)
Prof. Dr., Oberbürgermeister von 1964 bis 1970. Er widmete sich insbesondere der Förderung der Wirtschaft, dem weiteren Ausbau der Messe und des Flughafens sowie der Kulturpolitik. Während seiner Amtszeit wurde 1988 die U-Bahn in Betrieb genommen. Sein Verdienst war es, durch die Abhaltung regelmäßiger Bürgerversammlungen weite Kreise der Bürgerschaft für die Kommunalpolitik zu interessieren. Brundert hatte wegen seiner aufrechten Haltung gegenüber den Machthabern in der DDR acht Jahre hinter Zuchthausmauern verbracht. (*Gewann II 204a Plan Nr. 39*)

Christ, Elisabeth Johanna, genannt Liesel (1919 – 1996)
Schauspielerin, Theatergründerin und -leiterin. Nach ihrem Debüt als Vierjährige hatte das Frankfurter Mäd-

chen 1925 den ersten großen Erfolg in »Peterchens Mondfahrt« und wurde in den zwanziger Jahren ein Kinderstar. Nach Ausbildung zur Schauspielerin hatte sie Engagements an mehreren deutschen Bühnen. Liesel Christ spielte in den sechziger Jahren mit großem Erfolg die »Mama Hesselbach« an der Seite von Wolf Schmitt in der Fernsehserie »Familie Hesselbach«. 1971 gründete sie das Frankfurter Volkstheater, dessen Leitung sie bis zu ihrem Tod innehatte. (*Gewann J 296 Plan Nr. 21*)

Feuerbach, Anselm von (1775 – 1833)

Begründer der neueren Strafrechtsdogmatik und der Kriminalpsychologie. Auf seine Veranlassung wurde in Bayern die Folter abgeschafft. Verfasser einer deutschen Rechtsgeschichte sowie der Schrift »Kaspar Hauser. Beispiel eines Verbrechens am Seelenleben des Menschen« (1832). Ein Enkel von ihm war der Maler Anselm Feuerbach. (*a. d. Mauer 105 Plan Nr. 9*)

Fellner, Karl Konstanz Viktor (1807 – 1866)

Letzter Älterer Bürgermeister der Freien Stadt Frankfurt am Main. Nach dem Einmarsch der Preußen schied er am 24. Juli 1866, seinem Geburtstag, freiwillig aus dem Leben, weil er den mit dem Einmarsch verbundenen Verlust der städtischen Freiheiten nicht verwinden konnte. Frankfurt am Main war von 1816 – 1866 »Freie Stadt«, ein souveräner Staat innerhalb des Deutschen Bundes. Damit war der Ältere Bürgermeister, der jährlich neu gewählt wurde, Staatsoberhaupt. Die Büste auf seiner Grabstätte schuf der Bildhauer Heinrich Petry. (*a. d. Mauer 164 Plan Nr. 6*)

Gans, Leo (1843–1935)

Dr. phil. und Dr. med. h. c., Geheimrat, Mitbegründer der Cassela Werke. Er erwarb sich besonder Verdienste um die Entwicklung der chemischen Industrie und war wiederholt Präsident des Physikalischen Vereins. Förderer vieler wohltätiger Institutionen. Ehrenbürger der Stadt Frankfurt am Main. (*Gewann III GG 9 Plan Nr. 32*)

Gernhardt, Robert (1937–2006)

Als Sohn eines Richters im estnischen Reval (heute Tallinn) geboren. Der Vater fiel 1945. Nach Kriegsende Vertreibung, Flucht über Thüringen nach Bissendorf bei Hannover, 1946 nach Göttingen. Gernhardt studierte nach Abschluß der Schule Malerei in Stuttgart und Berlin, später auch Germanistik. Seit 1964 freiberuflicher Maler, Zeichner, Karikaturist und Schriftsteller in Frankfurt am Main. Redakteur der Zeitschriften »Pardon« und »Titanic«. Zahlreiche Ausstellungen, Mitbegründer der »Neuen Frankfurter Schule«. Er starb am 30. Juni 2006 nach langjähriger Krankheit. (*Gewann A 1103 UG Plan Nr. 8*)

Hartmann, Georg (1870–1954)

Kaufmann, Inhaber der Bauerschen Gießerei, Sozialpolitiker, Wohltäter und Stifter, Förderer von Kunst und Wissenschaft. Ehrenbürger der Stadt Frankfurt am Main. (*Gewann II 34 Plan Nr. 33*)

Hassel, Samuel Friedrich (1798–1876)

Lokalkomiker und Dialektschauspieler. Er war das Idealbild von Friedrich Stoltzes »Hampelmann«, Verfasser von: »Die Frankfurter Lokalstücke auf dem Theater der Freien Stadt Frankfurt« 1821–1866 sowie »Skizzen aus meinem Schauspielerleben« (1868). Karl Malss schrieb speziell für ihn die Hauptrollen seiner Lokalstücke, unter anderem »Der Bürgerkapitän«. Eine Büste von Hassel befindet sich an der Westseite des Rathauses. (*a. d. Mauer 418 Plan Nr. 29*)

Hessemer, Friedrich Maximilian (1800–1860)

Architekt und Dichter. Professor der Baukunst am Städelschen Kunstinstitut. Er schuf das Mausoleum der Gräfin Reichenbach-Lessonitz auf dem Frankfurter Hauptfriedhof. 1848 war er Mitglied der Frankfurter konstituierenden Versammlung. Das Medaillonbild auf seinem Grabmal stammt von dem Bildhauer Johann Nepomuk Zwerger. (*Gewann F II Plan Nr. 28*)

Hoffmann, Heinrich (1809–1894)

Arzt und Psychiater, Schriftsteller. Begründer und langjähriger Leiter der Frankfurter »Irrenanstalt«. Gründer des Bürgervereins. Herausgeber des »Frankfurter hinkenden Boten«. Er schrieb die Kinderbilderbücher »Struwwelpeter«, »Prinz Grünewald und Perlenfein«, »Besuch bei Frau Sonne« sowie kleine politische Schriften wie »Handbüchlein für Wühler« und den »Heuler«. (*a. d. Mauer 541 Plan Nr. 25*)

Huch, Ricarda (1864–1947)

Schriftstellerin. Die in Braunschweig geborene Schriftstellerin studierte 1887 in Zürich Geschichte und Philosophie, promovierte als eine der ersten deutschen Frauen und arbeitete anschließend in der Züricher Stadtbibliothek, später als Lehrerin in Bremen. 1931 erhielt sie als erste Frau den Goethepreis der Stadt Frankfurt am Main. Ricarda Huch trat 1933 aus Protest gegen die Machtergreifung Hitlers aus der Preußischen Akademie der Künste aus. (*Gewann II 204 Plan Nr. 40*)

Karry, Heinz Herbert (1920–1981)
Hessischer Minister für Wirtschaft und Technik sowie langjähriger ehrenamtlicher Stadtrat in Frankfurt am Main. Aus seiner zehnjährigen Amtszeit als Wirtschaftsminister sind insbesondere seine Verdienste um die Verkehrs- und Wirtschaftspolitik, die Förderung des Mittelstandes und die Aktivierung der Osthandelspolitik zu erwähnen. Karry wurde Opfer eines heimtückischen Mordanschlags. (*Gewann XIV 202 Plan Nr. 49*)

Kirchner, Johanna geb. Stunz (1889–1944)
Politikerin (SPD); Mitbegründerin der Frankfurter Arbeiterwohlfahrt und Widerstandskämpferin gegen den Nationalsozialismus. Johanna Kirchner wurde 1944 in Berlin-Plötzensee wegen »Vorbereitung zum Hochverrat« hingerichtet. Auf der Grabstätte ihrer Eltern auf dem Frankfurter Hauptfriedhof, in der auch ihr Ehemann Karl Kirchner (1883–1945) beigesetzt ist, befindet sich nur eine Gedenkplatte für Johanna Kirchner. (*Gewann I 242 Plan Nr. 44*)

Kolb, Walter (1902–1956)
Dr. h. c., Frankfurter Oberbürgermeister von 1946 bis 1956, tatkräftiger Initiator des Wiederaufbaus der kriegs-

zerstörten Stadt. Während seiner Amtszeit wurde Frankfurts hervorragende Stellung als Handels- und Bankenzentrum wieder gefestigt und erweitert, der Rhein-Main-Flughafen weiter ausgebaut. (*Gewann A 55a Plan Nr. 1*)

Kotzenberg, Karl (1866–1940)
Dr. h. c., Kaufmann. Norwegischer Konsul, Mäzen. Mitglied des Reichswirtschaftsrates, Präsident des Luftrates, Förderer der Frankfurter Universität, deren Ehrenbürger er war. Sein monumentales Grabmal schuf der Münchner Bildhauer Riedesser. (*Gewann VI 150 Plan Nr. 46*)

Landmann, Ludwig (1868–1945)
Dr. jur. h. c. Dr. phil. h. c; der in Mannheim als Sohn jüdischer Eltern geborene Jurist kam 1916 als Wirtschaftsdezernent nach Frankfurt und wurde 1924 zum Frankfurter Oberbürgermeister gewählt. In seiner Amtszeit entstanden mit Ernst May als Baudezernenten und dem Stadtkämmerer Bruno Asch zur Behebung der Wohnungsnot mehrere Großsiedlungen. Nach seiner Amtsenthebung durch die Nazis im März 1933 zog er zunächst nach Berlin und emigrierte dann 1939 in die Heimat seiner Frau, nach Voorburg in den Niederlanden. Am 5. März 1945 starb Landmann, nachdem er fünf Jahre im Untergrund hatte leben müssen. Beisetzung in Voorburg, Niederlande. 1987 wurden die sterblichen Überreste des Ehepaares Landmann auf Betreiben der Stadtverwaltung nach Frankfurt überführt und auf dem Hauptfriedhof beigesetzt. (*Gewann A 290 Plan Nr. 4*)

Mahler, Charlotte (1894–1973)

Dr. med; Chefärztin am Bürgerhospital, um dessen Wiederaufbau nach dem Zweiten Weltkrieg sie sich große Verdienste erwarb. Zahlreiche Auszeichnungen. Sie spezialisierte sich auf Operationen der Bauchhöhle und des sogenannten Wolfsrachens bei Kindern, bei denen sie sehr beliebt und nur unter dem Spitznamen, »Tante Lotte« bekannt war. (*Gewann II GG 31 Plan Nr. 31*)

Mangelsdorff, Albert (1928–2005)

Mangelsdorff wurde als Sohn eines Frankfurter Buchbinders geboren. Erste Kontakte zum Jazz mit zwölf Jahren durch seinen Bruder Emil Mangelsdorff. Er besuchte den Frankfurter Hot Club, wo das von den Nationalsozialisten verhängte Verbot, Jazz zu spielen, heimlich umgangen wurde. Mangelsdorff brachte sich selbst das Gitarrespielen bei und nahm Posaunen- und Geigenunterricht. Seine Karriere begann 1947 als Rhythmusgitarrist bei der Otto-Laufner-Big-Band. Das amerikanische Jazzmagazin »Down Beat« wählte ihn mehrmals zum Posaunisten des Jahres. Mangelsdorff wurde 1993 zum Honorarprofessor für Jazz an der Frankfurter Hochschule für Musik und Darstellende Kunst ernannt. Er spielte über hundert Schallplatten und CDs ein und war einer der wenigen deutschen Jazzmusiker, die von ihrer Musik leben konnten. (*Gewann XV 31 Plan Nr. 50*)

May, Ernst (1886–1970)

Architekt und Stadtplaner. May war von 1925–30 Baudezernent seiner Heimatstadt Frankfurt. Er stellte in den zwanziger Jahren für die Stadt einen Generalbebauungsplan auf. In seiner Amtszeit entstanden die für die damalige Zeit vorbildlichen Trabantenstädte (Praunheim, Römerstadt, Westhausen). (*Gewann A 274 Plan Nr. 7*)

Merton, Richard (1881 – 1960)
Vorstands- und späterer Aufsichtsratvorsitzender der »Metallgesellschaft«. Initiator und Förderer sozialer und wissenschaftlicher Einrichtungen. Wiederbegründer der »Frankfurter Gesellschaft für Sozialpolitik« und Gründer des »Stifterverbandes der Deutschen Wissenschaft«. Ehrenbürger der Stadt Frankfurt am Main. (*Gewann II GG 10-11 Plan Nr. 37*)

Miquel, Johann Franz von (1828 – 1901)
Dr. jur., Frankfurter Oberbürgermeister von 1880 bis 1890, Mitglied des Deutschen Reichstages. Während seiner Amtszeit wurden unter anderem der Schlacht- und Viehhof, der Westhafen, die Grundwasserleitung im Stadtwald und die Kläranlage in Niederrad geschaffen. Im Jahre 1890 wurde er zum Preußischen Finanzminister berufen. Er schuf die preußische Finanzreform. 1901 wurde er kurz vor seinem Tode wegen seiner Haltung zum Bau des Mittelland-Kanals zum Rücktritt gezwungen. Verbindung mit Marx und Engels. Miquel war Ehrenbürger der Stadt Frankfurt am Main. Sein Grabmal schuf der Bildhauer Augusto Varnesi. (*Gewann D 297 Plan Nr. 2*)

Mitscherlich, Alexander (1908 – 1982)
Prof. Dr. med, Ordinarius für Psychologie an der Johann Wolfgang Goethe-Universität und Gründer des Sigmund-

Freud-Instituts. Zahlreiche Auszeichnungen. Er hat nach dem Zweiten Weltkrieg der in Deutschland lange Zeit verpönten Psychoanalyse wieder Geltung verschafft. Seine gesellschaftskritischen Schriften fanden nicht nur Anerkennung, sondern auch Kritik. Zu ihnen gehören u. a.: »Die Unwirtlichkeit unserer Städte«, »Auf dem Weg zur vaterlosen Gesellschaft« und „Die Unfähigkeit zu trauern«. (*Gewann J 1049 Plan Nr. 22*)

Möller, Walter (1920–1971)
Oberbürgermeister. Von 1961 bis 1970 zunächst Verkehrsdezernent und seit 1971 bis zu seinem Tode Oberbürgermeister. Der Bau der Frankfurter U-Bahn ist mit seinem Namen untrennbar verbunden. (*Gewann II 202c Plan Nr. 43*)

Neckermann, Josef (1912–1992)
Deutscher Versandhausbesitzer und Dressurreiter. Sohn eines Kohlenhändlers, machte nach Abbruch der Schule eine Banklehre; später erwarb er mehrere von den Nazis enteignete Textilgeschäfte. Im Zweiten Weltkrieg war er »Reichsbeauftragter für Kleidung und verwandte Gebiete«. Neckermann gründete 1948 unter seinem Namen einen Versandhandel (Slogan: »Neckermann macht's möglich«) und das sehr erfolgreiche Reiseunternehmen NUR (Neckermann und Reisen). Neckermann, der schon als Kind reiten gelernt hatte, wandte sich dem Pferdesport zu und errang mehrere Meistertitel und Olympiasiege im Einzelreiten und mit der deutschen Mannschaft. 1967 gründete er die »Stiftung Deutsche Sporthilfe«, der er bis 1988 vorstand. (*a. d. Mauer 380–81 Plan Nr. 14*)

Prince de Polignac, Camille Armand Jules Marie
(1832–1913)

Teilnehmer am amerikanischen Bürgerkrieg auf Seiten der Konföderierten, Ende des Krieges im Rang eines Generalmajors. Nach dem Krieg Mathematiker. Noch heute wird sein Grab von Amerikanern, besonders aus den Südstaaten, häufig besucht. (*Gruft 30 Plan Nr. 13*)

Reichenbach-Lessonitz,
Emilie Gräfin von geb. Ortlepp (1791–1843)

Die Tochter eines Berliner Goldschmieds war zunächst die Geliebte und später die zweite Gattin des Kurfürsten Wilhelm II. von Hessen. Das byzantinische Mausoleum wurde von Professor Hessemer errichtet. Das Kruzifix im Innern schuf der Bildhauer Johann Nepomuk Zwerger. Die Marmorsarkophage in den seitlichen Nischen sind Werke des Bildhauers Eduard Schmidt von der Launitz. In der Gruft mit dem Schlußstein aus dem Jahr 1847 stehen 6 Särge. Der Sarg der Gräfin wurde erst 1889 von der Gruft Nr. 29 hierher überführt. Der Kurfürst (177–1847) hatte nach ihrem Tod ein drittes Mal geheiratet und ist in der Fürstengruft der Hanauer Marienkirche beigesetzt. (*Gewann F 1 Plan Nr. 27*)

Rinz, Sebastian (1782–1861)

Stadtgärtner (1806–1861). Schöpfer der Frankfurter Wallanlagen, des ältesten Teiles des Hauptfriedhofes, des Günthersburgparks sowie vieler Parkanlagen in Frankfurt und Umgebung. Sein Denkmal in der Friedberger Anlage schuf der Bildhauer Heinrich Petry. (*Gewann C 155 Plan Nr. 10*)

Schauroth, Lina von
geb. Holzmann (1874–1970)
Malerin. Zu ihren bevorzugten bildnerischen Themen
gehörten Pferde. Sie verfügte außerdem über besondere
Fertigkeiten in der Glasmalerei und im Glasschnitt.
Zu ihren Arbeiten, bei denen sie abstrakte Formen
bevorzugte, gehören unter anderem die Fenster in der
evangelischen Kirche in Preungesheim und in der alten
Nikolaikirche. Die Künstlerin stammte aus der Bau-
unternehmerfamilie Holzmann und hatte die Möglichkeit, das Leben einer emanzipierten Frau zu führen, damals eine Ausnahme in der Frankfurter Gesellschaft.
Stets exzentrisch männlich gekleidet, mit Schlagfertigkeit
und Mutterwitz begabt, setzte sie in der Frankfurter
Kunstszene Akzente. (*Gewann F 1786 Plan Nr.26*)

Schlegel, Dorothea
geb. Mendelssohn (1763–1839)
Schriftstellerin, war die älteste Tochter des Philosophen
Moses Mendelssohn. Zuerst war sie mit dem Bankier
Veit, später mit dem Gelehrten Friedrich Schlegel verhei-
ratet. Ihr Sohn Philipp Veit war der erste Direktor des
Städel. (*Gewann B 180 Plan Nr.15*)

Schmidt, Pauline (1840–1856)
Sie gehörte einst zu den Spielgefährten der Kinder des
Verfassers des »Struwwelpeter«, Heinrich Hoffmann. Die
Figur des Paulinchens im »Struwwelpeter« ist nach ihr
benannt, ansonsten aber ist die Gestalt frei erfunden, wie
alle Figuren Heinrich Hoffmanns. (*Gewann C 148 Plan
Nr.11*)

Schmidt von der Launitz,
Eduard Karl Nikolaus (1797–1869)
Der bedeutendste Frankfurter Bildhauer im 19. Jahrhunderts. Schüler von Thorvaldsen. Lehrer am Städel. Der aus dem Baltikum stammende Künstler gründete in Rom eine Terrakottafabrik, in der er Reliefs nach antiken Vorbildern, aber nach eigenen Kompositionen herstellte. In Frankfurt schuf er das Guiolettdenkmal, das Gutenbergdenkmal, das Grabdenkmal des Carl Mayer von Rothschild, das Grabrelief über der Gruft Bethmanns, »Ostermorgen«, die Figuren auf der Börse sowie das Grabrelief in der Gruft seines Lehrers Thorvaldsen in Kopenhagen. Sein Brustbild-Relief befindet sich am Südbau des Rathauses (Buchgasse). (*a. d. Mauer 398a Plan Nr. 17*)

Schopenhauer, Arthur (1788-1860)
Deutscher Philosoph. Der in Danzig geborene Schopenhauer studierte ursprünglich Medizin in Göttingen, promovierte aber 1813 in Jena im Fach Philosophie. Von 1820–32 lebte er in Berlin als Privatdozent, nach Ausbruch der Cholera verließ er Berlin und zog nach Frankfurt am Main. Bis zu seinem Tod lebte er dort als Privatgelehrter, nahm regen Anteil am kulturellen Leben der Stadt. (*Gewann A 24 Plan Nr. 30*)

Schwarzhaupt, Emma Sophie Elisabeth (1901–1986)
Dr., Juristin, Politikerin und Kirchenfunktionärin. Beraterin an der Frankfurter Rechtsschutzstelle für Frauen, »beauftragte Richterin« in Dortmund bis zu ihrer Entlassung 1933, als unter den Nationalsozialisten Frauen kein Richteramt mehr bekleiden durften. 1935 wurde sie

juristische Mitarbeiterin bei der Evangelischen Kirche in Berlin. 1947 kehrte sie nach Frankfurt zurück, wurde Oberkirchenrätin und Geschäftsführerin der Evangelischen Frauenarbeit. Für die CDU/CSU Mitglied des Deutschen Bundestages, unter Adenauer und Erhard Ministerin für das Gesundheitswesen. Elisabeth Schwarzhaupt war die erste Frau, die zur Bundesministerin berufen wurde. (*Gewann II 268 Plan Nr. 24*)

Stoltze, Adolf (1842–1933)

Lokaldichter. Sohn des Mundartdichters Friedrich Stoltze. Er sollte auf Wunsch seines Vaters einen Handwerksberuf ergreifen, lernte Uhrmacher, wurde aber auch Schriftsteller. Seine bekanntesten Werke sind: »Alt Frankfurt« und »Vinzenz Fettmilch«. (*Gewann II GG 23 Plan Nr. 38*)

Stoltze, Friedrich (1816–1891)

Frankfurter Mundartdichter. Herausgeber der satirischen Zeitschriften »Frankfurter Kreppelzeitung« und »Frankfurter Latern«. Seine Werke »Gedichte in Frankfurter Mundart« sowie die »Novellen und Erzählungen in Frankfurter Mundart« sind teilweise auch nach über 100 Jahren noch aktuell. Die Inschrift auf seinem Grabstein verfaßte Stoltze 1882 aus Anlaß des Todes seines Sohnes, der als Medizinstudent in Zürich an Typhus starb. (*Gewann J 306 Plan Nr. 20*)

Unseld, Siegfried (1924–2002)

Verlagsleiter und Schriftsteller. Der in Ulm geborene Unseld promovierte 1951 mit einer Arbeit über Hermann

Hesse, trat ein Jahr später in den 1950 von Peter Suhrkamp gegründeten Suhrkamp Verlag ein, stieg 1958 zum geschäftsführenden, persönlich haftenden Gesellschafter auf. Nach dem Tod Peter Suhrkamps 1959 übernahm er die alleinige Geschäftsführung. In den folgenden Jahrzehnten erweiterte Unseld das Verlagsprogramm um die Reihe »edition suhrkamp«, und die »suhrkamp taschenbücher«. 1963 übernahm er den Insel Verlag, gründete 1981 den Deutschen Klassiker Verlag und übernahm 1991 den Jüdischen Verlag. Ehrenbürger der Stadt Frankfurt am Main. (*Gewann II 203 Plan Nr. 41*)

Waechter, Friedrich Karl (1937–2005)
In Danzig als Sohn eines Lehrers geboren. Im Winter 1944/45 floh die Familie über die Ostsee nach Warnemünde, wohnte dann in Sahms ins Schleswig-Holstein. Der Vater fiel während des Krieges. Friedrich Karl Waechter besuchte die Lauenburgische Gelehrtenschule in Ratzeburg. Nach dem Abitur studierte er in Hamburg Gebrauchsgraphik. 1979 war er eines der Gründungsmitglieder des Satiremagazins »Titanic«, für das er bis 1992 tätig war. Außerdem Regisseur und Theaterautor. Gastprofessor an mehreren Kunstakademien. (*Gewann J 1066 Plan Nr. 19*)

Weinberg, Arthur von (1860–1943)
Chemiker, Wirtschaftsführer und Mäzen. Ehrenbürger der Stadt Frankfurt am Main. Pionier auf dem Gebiet der organischen Farbstoffe. Mitbegründer der Johann Wolfgang Goethe-Universität. Er errichtete eine Stiftung für den naturwissenschaftlichen Unterricht. Weinberg

kam im KZ Theresienstadt um und wurde dort an einem unbekannten Ort bestattet. Auf dem obengenannten Grab, in welchem seine Frau Wilhelmine bestattet ist, befindet sich lediglich eine Gedenkplatte für Arthur von Weinberg. (*Gewann II GG 29, 29a, 30 Plan Nr. 34*)

Willemer, Marianne von (1784 – 1860)

Vertraute Goethes. Die aus Linz stammende Tochter einer Schauspielerin und eines Instrumentenmachers kam als 14jährige mit einer Schauspielertruppe nach Frankfurt. Ihr späterer Ehemann, der Bankier Johann Jakob von Willemer, »kaufte« sie gegen eine Leibrente von ihrer Mutter und nahm sie in seine Familie auf. 1814 wurde sie die dritte Ehefrau des Frankfurter Bankiers, bei dem Goethe häufig zu Gast war (Gerbermühle, Willemerhäuschen). Im »Westöstlichen Diwan« wird Marianne von Willemer von Goethe als »Suleika« besungen. Sie erwiderte unter diesem Namen mit eigenen Liedern, die Goethe in seine Sammlung aufnahm. (*Gewann D 261 Plan Nr. 5*)

Winterhalter, Franz Xaver (1805 – 1873)

Der in Menzenschwand im Schwarzwald geborene Maler porträtierte in der zweiten Hälfte des 19. Jahrhunderts die meisten gekrönten Häupter der damaligen Zeit, insbesondere aber die Monarchinnen, unter anderem Kaiserin Elisabeth (Sisi) von Österreich, Kaiserin Eugénie von Frankreich, Queen Viktoria, aber auch eine Reihe von Frauen aus Frankfurter Bankiersfamilien, so die Frauen Bernus, W. Metzler und H. Mumm von Schwarzenstein. (*Gewann C 123/124 Plan Nr. 12*)

Wolff, Paul (1881 – 1951)

Dr. med., Journalist, Fotograf. Pionier auf dem Gebiet der Kleinbildfotografie. Seine Fotografien dokumentieren die 1943 – 44 untergegangene Altstadt. (*Gewann II GG 17a Plan Nr. 36*)

Frankfurter Grün – 14 literarische Streifzüge durch Gärten und Parks

Mit Photographien von Birgit Bielefeld
Festeinband mit Schutzumschlag, 132 Seiten
ISBN 3-86597-000-1, € 19,90 (D)

Bekannte Frankfurter Autoren haben sich auf den Weg gemacht und beschreiben in 14 Porträts einfühlsam und kenntnisreich das städtische Grün: Parks und Gärten zum Kennenlernen und Neuentdecken für Alteingesessene, Zugezogene und Durchreisende.